공공기관 인사쟁이 따라하기

공공기관
인사쟁이
따라하기

공공기관 인사업무를
쉽고 이해하기 편하게 알려주는
인사실무 편람

김태균 | 이범수 지음

개정
증보판

휴엔스토리

"인사관리는 쉽게 생각할 수 있는 업무가 아닙니다."

국가 자격증을 취득하고, 업무 경력과 경험을 쌓으며 계속해서 전문 지식을 배워도 항상 느끼는 것이 '업무가 어렵다'라는 것입니다. 항상 새로운 과제에 직면하게 되고, 매 순간 해결책을 제시해야 하기 때문입니다. 마음으로 이해하고 머리로 해결해야 하는 정신적·육체적 노동에 노출된 직무가 인사관리입니다. 경력이 늘어나면 늘어날수록, 이론적 지식이 더하면 더할수록 고민이 더욱 깊어지는 직무입니다.

인사쟁이는 사람과 사람, 조직과 개인의 관계를 원만하게 이어주는 역할을 해야 합니다. 이해관계에 따른 대립 관계를 해소해야 하고, 조직의 전략적 목표 달성을 위해 조직 문화를 만들 수 있어야 합니다. 그리고 자신이 한 행위에 대해서 책임이 따르는 막중함도 있습니다. 그만큼 업무의 난이도와 집중도, 시급성이 있는 직무이고 쉽게 접근하기 어려운 직무입니다.

인사관리는 정답이란 것이 없습니다. 주변 여건에 따라 입장과 생각이 달라지기 때문에 상황 변화에 능동적으로 해결책을 제시해야 합니다. 구성원 모두가 만족하는 인사 제도는 있을 수 없습니다. 다만, 구성원 다수가 동의할 수 있는 합리적이고 객관적인 방안을 찾을 수는 있습니다. 인사쟁이는 대다수 구성원이 동의할 수 있는 인사 제도를 만들어야 합니다.

그리고 인사관리는 평가나 보수, 승진 등 구성원 간 민감한 업무를 수행하기 때문에 철저한 보안 또는 비밀을 유지해야 합니다. 제3자가 알면 바로 '인사 사고'로 직결되기 때문에 인사쟁이는 입이 무거워야 합니다. 이러한 업무 비밀주의는 업무 담당자 간 업무 공유를 어렵게 하여 해당 기관만의 독특한 인사 제도를 만들기도 합니다.

공공기관에 입사한 신입직원을 대상으로 희망 직무를 조사해보면 인사직무를 많이 선택하곤 합니다. 그런데 막상 인사부서에서 업무를 해보면 책임이 막중하고 업무가 어려워 혼란스러워하는 경우가 많습니다. 그러나 좌절할 필요는 없습니다. 업무가 어려울수록 그에 따르는 보람은 그 이상일 수 있습니다. 업무에 책임이 따르면 그만큼 정성과 신경을 쓰기 때문에 업무 성과도 높습니다. 인사관리 업무가 그렇습니다. 인사관리를 해본 경험이 있는 사람과 그렇지 않은 사람은 행정 능력과 보고서 작성 능력 등에서 많은 차이가 있습니다. 조직 내에서 자신의 능력을 발휘하고 조직과 함께 성장하고자 한다면 인사관리 업무는 반드시 경험해 봐야 한다고 생각합니다.

이 책에서는 일반적으로 접근하기 쉬운 인사관리 제도 중심으로 글을 쓰고자 노력했습니다. 실무에서 바로 사용할 수 있는 사례 위주로 책을 썼으며, 업무를 처음 접하는 담당자가 알아야 하는 기본적인 이론도 반영했습니다. 인사관리의 시작부터 끝까지를 이해하고 업무를 수행한다면 훌륭한 공공기관 인사쟁이로 성장할 수 있을 거라 생각합니다. 이 책이 인사관리 업무를 처음으로 접하거나 공부하고자 하는 분들에게 조금이나마 도움이 되길 기원합니다.

'공공기관 인사쟁이 따라히기'를 개정해 다시 한번 출간하는데 동참해 주신 이범수 책임님께 감사의 말씀을 드리며 공공기관 인사관리 업무를 처음 접하는 모든 분께 용기와 응원을 보냅니다.

2023년 10월
아름답고 살기 좋고 도시, 수원에서
김태균

차례

PART 1

들어가기

1. 공공기관에 대한 이해

공공기관은 공적인 이익을 목적으로 관련 법령에 근거해 설립한 기관을 말한다. 공공기관에 대한 정의는 학술적, 법률적 관점에 따라 다양할 수 있으나, 일반적으로 「공공기관 운영에 관한 법률」에 근거하여 매년 기획재정부 장관이 지정·고시하는 기관을 의미한다. 정부에서는 2023년부터 공공기관 분류기준을 변경하여 2023년 현재 347개 기관(공기업 32개, 준정부기관 55개, 기타공공기관 260개)을 공공기관으로 지정하고 있다.

〈공공기관 분류기준 변경 및 2023년 공공기관 현황〉

▣ 공기업 및 준정부기관 분류기준 상향

○ (정　원) 50명 → 300명 이상

○ (수입액) 30억 → 200억 원 이상

○ (자　산) 10억 → 30억 원 이상으로 기준 변경

　* 공기업 4곳(부산항만공사, 인천항만공사, 여수광양항만공사, 울산항만공사)과 준정부기관 39곳(한국언론진흥재단, 정보통신산업진흥원 등)이 기타공공기관으로 재분류 지정됐다.

▣ 공공기관 분류기준 변경에 따른 변화

① (평가)

  기획재정부 경영평가 대상 제외 → 주무기관 주관 경영평가 실시

② (임원)

  「공공기관운영에 관한 법률」상 임명절차 적용 제외 → 개별법 및 정관에 따라 임명

③ (재무)

  공공기관 예비타당성조사, 출자·출연 사전협의 대상에서 제외

▣ 2023년 공공기관 지정현황

구분		분류기준	주요기관
공기업 (32개)	시장형 (13개)	① 직원 정원 300명 이상 ② 총수입액 200억 원 이상 ③ 자산규모 30억 원 이상	자산규모 2조 이상 자체수입이 총수입의 85% 이상 → 인천국제공항공사 한국가스공사 한국석유공사 한국전력공사
	준시장형 (19개)		시장형 공기업이 아닌 공기업 → 한국조폐공사 한국마사회 한국수자원공사
준정부 기관 (55개)	기금 관리형 (11개)		「국가재정법」에 따라 기금관리 또는 위탁관 리하는 기관 → 국민체육진흥공단 한국무역보험공사 공무원연금공단
	위탁 집행형 (44개)		정부 업무의 위탁집행 → 한국관광공사 건강보험심사평가원 국립생태원
기타공공기관 (260개)		공기업과 준정부기관을 제외한 공공기관	한국수출입은행 태권도진흥재단 한국국제보건의료재단
		연구개발을 목적으로 하는 기관	국립낙동강생물자원관 한국조세재정연구원
2023년 347개 공공기관 지정			

※자료: '공공기관 기획쟁이 따라하기'(휴앤스토리, 2023)

여기에 더해서 지방자치단체가 조례를 통해서 설립·운영하고 있는 지방 공기업 및 공단, 연구소 등과 정부에서 지원(출연금, 보조금, 지원금 등)하는 출연 연구 기관이나 유관 기관, 각종 협회 등도 넓은 의미에서 공공기관이라고 할 수 있다. 또한 개별 목적에 따라 법령으로 설립된 한국은행, 금융감독원, 한국방송공사(KBS) 등도 공공기관[1]이라 할 수 있다.

01 공공기관은 법령에 의해 만들어진다

공공기관을 이해하기 위해서는 공공기관 설립, 지정, 소멸의 단계를 알아야 한다. 공공기관은 현 시점을 기준으로 해당 산업계나 지역 발전, 사회 현상 및 자연 환경 등에 대한 보존이나 개발 가치가 있을 때 법률에 따라 법인의 형태로 설립한다. 이러한 이유로 2020년 이후 새롭게 설립된 기관은 국립호남권생물자원관, 국립항공박물관, 국립해양과학관 등이 있으며 새롭게 설립된 기관은 해당 기관의 설립목적을 달성하기 위해 해당 분야의 발전과 성장을 위해 설립됐다. 해당 기관들은 「공공기관 운영에 관한 법률」에서 지정하는 '공공기관 지정 요건(①정원, ②총수입액, ③자산규모)'에 충족하여 설립 이듬해 공공기관으로 지정·고시됐다.[2]

---

1 넓은 의미에서는 행정부·입법부·사법부 등 모든 헌법기관이 공공기관에 포함될 수 있으나, 이 책에서 말하는 공공기관은 「공공기관 운영에 관한 법률」에 따라 기획재정부 장관이 지정·고시하는 기관에 한하고자 한다.

2 공공기관 지정은 기획재정부 장관이 매년 1월 말 「공공기관 운영에 관한 법률」에 근거하여 '공공기관운영위원회'를 개최하여 공공기관 지정 여부를 심의·의결한 후 기획재정부 장관이 지정·고시한다. 지정 및 해제절차는 ①해당기관 기관현황 및 공공기관 지정여부 의견 등록(공공기관 경영정보 공개시스템) ②기획재정부와 주무기관 협의 ③공공기관운영위원회 심의의결 ④기획재정부 장관 지정·고시 순이다.

공공기관은 법인의 형태로 설립하는데, 법령에 근거하여 설립 하거나 민법상 재단법인이나 사단법인으로 설립하는 방법이 있다. 대부분의 공공기관은 기관의 설립 근거를 규정하고 있는 특별법이나 모법이 있으나, 별도의 설립 근거 법령 없이 민법상 재단법인이나 사단법인으로 설립한 공공기관도 있다.

> **❝** 공공기관 입장에서 기관의 설립 근거가 되는 법령의 존재 여부는 가장 중요하다. 기관의 존폐 및 안정적 사업 추진과 직결되기 때문이다. 해당 법령이 국회에서 폐기되지 않는 이상 기관은 존속할 수 있고, 구성원은 정년까지 신분을 보장받을 수 있다. 민법상 재단법인이나 사단법인에 의해 설립된 기관은 사업 목적의 가치에 따라 기관의 존폐가 결정되기 때문에 사업 추진의 안정성에 문제가 있을 수 있고, 직원의 보수나 복지 등이 설립 근거 법령이 있는 기관에 비해 낮을 우려가 있다. **❞**

공공기관의 지정 권한은 기획재정부 장관에게 있으며, 매년 1월에 공공기관을 새롭게 지정하거나 해제한다. 다만 공공기관의 지정 여부와 관계없이 해당 기관은 존속하기 때문에 기관의 설립목적에 따른 사업이나 기관운영은 계속하게 된다. 기관의 존폐는 관련 근거 법령이 국회에서 폐기되거나 재단·사단법인이 청산될 때만이 가능하다. 기관의 설립 근거 법령이 폐기되는 것은 그 기관의 설립목적이 시대적 소명과 맞지 않거나, 다른 기관과의 통폐합 필요성이 있을 때 발생한다. '기관이 청산된다'는 것은 직원들이 일자리를 잃는다는 의미로 경영상 해고에 해당한다. 공공기관을 선택할 때 해당 기관이 장기적으로 존속 가능한 설립 목적을 갖고 있는지를 확인하는 것도 중요하다.

_____ 공공기관은 그 기관의 설립 목적을 설립 근거 법령과 정관 제1조에 규정하고 있다. 설립 목적은 일반적으로 말하는 미션^{Mission}을 의미한다.

02 공공기관에 입사하기 위해 알아야 하는 3가지

취업 전문 기관에서 취업 준비생을 대상으로 '근무하고 싶은 회사'를 설문 조사하면, 대부분 공공기관을 최우선적으로 선호하는 것으로 조사된다. 정년 보장과 안정적 보수, 잘 구성된 복리후생 제도 등이 공공기관에 입사하고 싶은 이유이다. 그만큼 입사하기 위한 경쟁도 치열하다. 경쟁이 심할수록 공공기관에 대한 이해가 필요하고 입사하기 위해서는 어떤 것을 준비해야 하는지가 중요하다.

공공기관에 입사하기 위해서는

첫째, 해당 공공기관과 관련된 정부의 정책 방향에 대해 관심을 가져야 한다. 공공기관은 정부 정책을 실질적으로 수행하는 집행 기관인 경우가 많이 있어 관련 분야 및 정부 정책 변화에 대한 사전 지식과 이해가 필요하다.

둘째, 입사하고 싶은 공공기관에 대한 기본 지식이 있어야 한다. 기관의 설립 목적이나 미션, 비전을 비롯해 주요 사업, 인사 정보(채용 절차, 보수와 직급 체계, 인재상 등) 등을 이해하고 있으면 도움이 된다.

✎ 셋째, 공공기관 채용 제도에 대한 이해가 필요하다. 공공기관은 직무 중심의 블라인드 채용을 진행하고 있다. 불필요한 스펙을 요구하지 않으며 직무와 관련한 경험 및 경력, 교육 등을 통해 기관에 적합한 인재를 선발하고 있다. 기존과 다른 새로운 채용 환경에 능동적으로 대응할 수 있는 자세가 필요하다.

03 공공기관에 입사하기 위한 절차

공공기관 인력은 정원^{定員}에 근거하여 모집과 선발 절차를 진행한다. 정원은 기관이 설립 당시 규정에 정해진 인원을 말하는데, 공공기관은 국가 예산이 투입되기 때문에 정원의 증감과 관련해서는 주무기관 및 기획재정부와의 협의 후 결정한다.

채용은 응모자를 모으기 위한 모집 단계와 모집한 인원을 선발하는 단계로 구분한다. 모집은 15일 이상 공개 모집(알리오, 나라일터, 주무기관 홈페이지 등)을 원칙으로 한다. 공개 모집을 통해 지원한 응모자를 대상으로 서류 심사, 필기시험, 면접 심사, 신체검사 및 신원 조회 등의 절차를 통해 신규 직원을 채용한다. 최근에는 채용의 공정성과 객관성을 위해 외부 전문 기관에 채용 절차를 위탁해 추진하는 추세이다.

공공기관은 공정채용을 추진하기 때문에 직무 중심의 블라인드 채용을 진행하고 있다. 공공기관에서는 블라인드 채용에 적합한 표준 이력서를 적용하고 있으며 증명사진이나 학력, 전공, 출생 지역, 생년월일,

주민등록번호 등 직무와 직접적 관계가 없는 개인정보는 수집하지 않는다. 직무와 연관된 교육, 경력, 경험을 기준으로 응모자를 평가하고, 자기소개서도 과거와 현재, 미래에 대한 질문을 통해서 응모자와 채용 직무와의 연관성을 심사한다.

필기시험은 국가직무능력표준^{National Competency Standards} 체계에 적합한 직업기초능력과 직무수행능력을 평가하는 경우가 많고, 보고서 작성이나 논술, 서류함 기법 등을 추가적으로 반영하여 평가하는 추세다. 직업기초능력평가 및 직무수행능력평가는 상식 시험과 전공 시험을 수능형으로 변형한 문제라고 생각하면 이해하기 쉽다.

면접 심사는 구조화된 면접을 기본으로 한다. 응모자를 객관적으로 상대평가하기 위해서는 동일 직무 대상자들에게 동일 질문을 해야 한다. 다만 기관의 채용 목적과 상황, 그간에 진행했던 관례에 따라 상황 면접, 토론 면접, 발표 면접, 실무 및 임원 면접 등 기관에 맞는 다양한 형태로 면접을 실시하고 있다. 직무 중심의 블라인드 채용이 강화되면서 응모자와 기관 관계자가 처음으로 대면하는 면접 심사의 비중이 높아지고 있다. 기관에 적합한 인재를 확인하고 능력과 자질을 검증할 수 있는 자리이기 때문에 면접 심사는 점점 더 철저해지고 까다로워지고 있다.

면접 심사까지 합격을 하면 마지막 단계로 채용 신체검사와 결격사유 확인을 하는데 특이 사항이 없으면 최종 임용된다.

04 공공기관에 들어가기 전에 생각해야 할 사항

공공기관은 거대한 조직이고 모든 일이 시스템으로 움직이며 규정과 방침에 따라 업무를 추진한다. 순환 보직으로 업무 연속성과 전문성을 갖추기 어렵고, 개인의 창의성을 발현하기 어려운 구조이며, 집단의 사고가 개인을 움직이게 할 수 있다.

안정된 삶과 보수만을 추구하다 개인의 성향과 맞지 않아 고민하고 현재의 삶에 안주하여 뒤처지는 사람들도 많이 있다. 공공기관 입사를 준비하기 전에 공공기관에 대해 많은 정보를 접하고 개인 적성에 적합한 사업 또는 업무가 있는 기관을 찾는 것이 중요하다.

다수의 공공기관에 응시하여 원하지 않는 기관에 입사하면, 자기 스스로 만족하지 못하고 이직을 생각하는 경우가 있다. 내가 하고 싶은 일이 무엇이고 어느 공공기관에서 보람과 성취감을 얻고 즐겁게 일을 할 수 있을지 진지한 고민을 한 다음에 공공기관을 선택하는 것이 좋다.

2. 공공기관 인사쟁이가 하는 일

인사관리^{人事管理}는 하나의 조직(기관)에서 근무하고 있는 사람과 관련된 업무를 수행하는 직무이다. 말도 많고 탈도 많으며 '잘해야 본전'인 직무이다. 잘해도 욕먹고 못하면 징계 받는 고달픈 직무이기도 하다. 인사관리를 잘하기 위해서는 노동 관계 법령에 대한 전문적 지식과 경력, 경험을 갖춰야 하고 구성원의 의견도 잘 경청할 수 있는 자질이 있어야 한다.

공공기관에서 인사관리 업무를 수행하기 위해서는 관련 법령에 대한 전문적 지식을 바탕으로 기관장의 인사권이나 인사 방침에 대한 이해가 필요하다. 인사관리와 연계된 법령은 「근로기준법」이나 「노동조합 및 노동관계조정법」, 「남녀고용평등법」 등 노동 관계 법령이 대표적이다. 노동 관계 법령에 대한 숙지가 안 된 상태에서 업무를 수행할 경우 법적 문제가 발생할 우려가 있다. 특히 공공기관은 「공공기관 운영에 관한 법률」에 대해서도 알아야 한다.

인사관리 업무를 수행할 때 관련 법령과 함께 중요한 것이 기관장의 인사 경영 철학이나 가치관이다. 기관장의 인사권은 최대한 자율적으로 운영할 수 있도록 「공공기관 운영에 관한 법률」에서 보장하고 있다. 기관장은 개인의 인사 철학하에 기관의 인사 정책을 추진할 수 있다. 다만, 상급기관이 인사운영의 적정성 및 타당성 등을 감사할 수 있으므로 인사 관련 법령과 지침에 따른 원칙이 저촉되지 않아야 하는 점도 놓

쳐서는 안 된다. 따라서, 인사관리를 담당하는 인사쟁이는 기관장의 생각과 입장에 따라 기관의 인사 정책을 능동적으로 대응할 수 있어야 하고, 인사 관련 법령과 지침에 저촉되지 않아야 하는 기준을 항상 알고 있어야 한다.

공공기관은 일반 기업체와 다르게 정부로부터 정원이나 예산, 사업 등을 직간접적으로 관리를 받는다. 정부로부터 금전적 지원을 받기 때문에 공공기관과 관련된 정보(재무 구조 및 규정, 인원, 예산, 이사회 및 공무국외 출장, 업무추진비 사용내역 등)는 국민에게 공개하는 것을 원칙으로 한다. 공공기관 인사관리도 투명성 및 국민의 알 권리 충족 차원에서 채용 공고 및 채용 현황, 평균 인건비, 복리후생 제도, 노동조합 현황, 임원의 공무국외 출장 현황 등을 기관 홈페이지나 공공기관 경영정보공개시스템(알리오)에 공개하고 있다.

❝ 일반 기업체와 공공기관 인사관리의 핵심적 차이는 정원 관련 부분이다. 일반 기업체는 자체적으로 생산 규모나 영업 이익 등 전반적인 경제 상황을 고려해 인력 채용이나 정원 규모를 결정하지만, 공공기관은 공적인 목적의 사업을 추진하고 정부로부터 인건비를 지원(출연금 또는 지원금 등)받기 때문에 정원 증원 및 확정을 위해 기획재정부와 반드시 협의를 해야 한다. **❞**

01 공공기관 인사쟁이 주요 업무

인사 직무는 사람을 채용하고 관리하는 인사 업무와, 노(勞)와 사(社)의 관계 형성을 위한 노무 업무, 기관 차원에서 조직을 관리하는 조직 업무가 있다. 인사 직무의 범위는 기관의 규모나 성격, 기관장의 운영 방침 등에 따라 다르지만 일반적으로 인사 업무와 노무 업무는 인사 부서에서 담당하고, 조직 업무는 기관에 따라 기획부서에서 수행할 수 있다. 산업안전보건업무도 인사부서에서 할 수 있으나, 시설부서나 총무부서에서 관련 업무를 하는 것이 일반적이다.

⑴ 인사 업무

인사업무는 조직 내 사람에 대한 업무이다. 일을 하기 위해 사람을 채용하고 기관의 목표 달성을 위해 사람을 교육해 배치하고, 구성원 개개인의 역량을 개발해 성과를 내고, 성과를 기준으로 평가해 보상하며 사람들이 조직 내에서 잘 활동할 수 있도록 복리후생제도를 설계·운영하는 것이 인사업무이다. 일반적으로 인사업무는 세부 직무별로 직급에 따라 업무가 주어지는데 일반적으로 인사 및 보수, 평가제도 기획 관련 업무는 직무 경력이 10년 이상인 과·차장급에서 수행한다. 채용, 직원 역량개발 프로그램 및 포상관리 등은 5년 내외의 직무 경력이 있는 대리급에서 담당하며, 인력현황 및 복무 관리, 복리후생 등은 경력 2년에서 3년 정도의 주임급이 직무를 수행한다.

⑵ 노무 업무

근로자는 대등한 위치에서 사용자와 협상하고 대응할 수 있는 권리가 있다. 다만 개인이 직접 사용자와 접촉하기에는 현실적인 어려움이 있기 때문에 근로자의 권리를 보장하고 근로조건을 개선하기 위해 근로자의 자발적 의지로 단체를 만들 수 있도록 헌법에서 보장하고 있다. 조직 내에서 근로자에 의해 결성된 단체가 노동조합이다. 노무업무는 노동조합과 관련된 업무를 수행하는 직무이다. 인사쟁이는 사용자 입장에서 대화와 타협을 통해 단체협약이라는 결과물을 도출하고, 노동조합과의 지속적인 협의와 합의를 통해 상생적인 원만한 노사관계를 유지할 수 있도록 조직의 윤활유 같은 역할을 해야 한다. 해당 업무는 10년 내외의 직무 경력이 있는 과장급에서 주로 담당하며 기관에 따라 대리급에서 업무를 담당할 수도 있다.

> **❝** 노무업무는 「근로기준법」을 비롯해 노동관계 법령에 대한 지식이 있어야 한다. 법령에서 정하고 있는 기준과 절차에 따라 노동조합과 협의를 진행하고, 임금협약 및 단체협약을 체결할 수 있기 때문이다. 기관과 노동조합과의 관계는 조직과 조직의 관계이기 때문에 노무업무 담당자는 노무업무에 대한 법률적 지식을 바탕으로 원만한 대인관계 능력을 갖춘 사람이 직무를 수행해야 한다. **❞**

⑶ 조직 업무

조직 업무는 정원 및 직제, 내부 관리 업무 등과 관련된 직무이다. 정원은 일명 'TO'라고 말하는데 기관에서 일을 할 수 있는 인원을 의미한다. 정원을 증원하고 감원하는 업무는 조직관리 담당자에게 있어 가장 중요한 업무이다.

> **"** 공공기관에서 정원 증원 업무는 기관의 성장과 발전에 있어서 중요하다. 신규 사업 추진이나 사업 영역 확대를 위해 전문적인 인력이 필요할 때, 공공기관에서는 기관 차원에서 임의적으로 정원을 증원할 수 없다. 주무기관과 협의 후 기획재정부와 증원 협의를 완료해야 증원을 할 수 있다. 정원이 증원되면 정부의 예산(인건비)이 추가적으로 발생하기 때문에 기획재정부와의 협의는 반드시 필요하다. **"**

정원은 신규 사업이나 법령에 근거한 사업 영역 확대 등의 사유로 증원할 수 있는데, 인력을 충원하게 되면 조직도 새롭게 개편해야 한다. 일반적으로 기관장 교체 시기를 전후해서 주기적(3년에서 5년)으로 개편한다. 조직을 새롭게 진단하고 개편하는 업무는 조직관리 담당자가 수행하는 직무인데, 진단의 전문성 확보와 구성원의 수용성을 높이기 위해서 외부 전문 기관에 위탁해 추진하기도 하고, 내부적으로 외부 전문위원을 초빙해 진행하기도 한다. 조직업무는 일반적으로 기획부서에서 업무를 담당하며 인사에서는 정해진 정원에 따라 인력을 채용하는 업무를 수행한다.

> **"** 조직을 구성하거나 새롭게 개편하기 위해서는 ①기능과 ②절차, ③지역(공간) 및 ④고객을 기본적으로 고려해야 한다. 새롭게 신설하는 조직은 설립목적을 달성하기 위해서 우선적으로 해당기관의 기능이 어떻

게 되는지 생각하고, 업무추진 절차를 고려해 부서를 만들어야 한다. 업무가 누락되거나 중복되지 않고 지휘계통(결재라인)이 단일하게 되는 것도 중요하다. 계선조직과 참모조직이 구분될 수 있도록 부서 단위명도 다르게 부여하는 게 좋다.(예 : 참모조직은 '처'단위, 계선조직은 '실' 단위) 기존 조직을 개편하기 위해서는 일을 중심으로 조직을 개편해야 한다. 사람 중심으로 조직을 설계하게 되면 조직 개편의 취지와 의미가 상쇄되는 문제가 있다. 다만, 현실적으로 사람을 고려하지 않을 수 없는 어려움이 있기 때문에 연령·학력·지역·개인역량 등을 고려해 최소한의 범위 내에서 검토하고 '일'중심으로 조직을 개편해야 좋은 평가를 받을 수 있다. **"**

02 공공기관 인사쟁이 역할

인사쟁이는 구성원 개개인의 이익과 직결되는 인사와 보수, 평가 등의 민감한 업무를 수행하기 때문에 항상 논란의 중심에 있게 된다. 한 예로 평가 업무를 수행할 때, 평가 결과가 나쁘게 나오는 30%정도는 제도 탓을 하거나 평가를 설계한 인사쟁이 탓을 한다. 인사쟁이는 불만이 있는 30%정도의 구성원 목소리를 경청해야 하고 정당한 논리로 해당자를 이해시키는 일을 해야 한다. 인사 직무를 수행하는 인사쟁이는 인사제도를 찬성하는 구성원을 과반수 이상으로 끌어올리는 노력을 지속적으로 해야 한다. 구성원 모두를 만족시킬 수 없는 직무가 바로 인사관리이다. 인사쟁이는 직무 수행으로 나를 반대하는 적을 만들면 안 된다. 원활한 업무 수행을 위해 가급적 구성원이 내 편이 될 수 있도록 원만한 관계 유지에 노력해야 한다.

공공기관 인사쟁이는 근로자이면서 사용자라는 특수한 이중적 특성을 가지고 있다. 노동조합과의 관계 속에서는 사용자의 입장이 되기도 하고 임금을 목적으로 근로를 제공할 때에는 근로자가 되기도 한다. 이해관계에 따라 자신의 신분이나 위치가 변할 수 있다는 의미다. 다시 말하면 사측과 노측 양측에서 욕먹기 딱 좋은 중간자적 위치인 것이다. 민감한 사안에 따라 적절한 대응을 하지 않는다면 문제 해결은 하지 못하고 관계는 더욱 긴장시킬 수 있다. 공공기관 인사쟁이는 조직 구성원과 평소 친분 관계를 형성하고 대다수 근로자의 의견을 경청하는 노력을 해야 한다.

3. 인사관리의 중요성

"조직의 성패는 사람이 결정하고,
그 사람을 관리하는 직무가 인사관리다"

인사관리는 조직의 목적을 달성하기 위해 인적 자원(사람)에 대한 계획과 조직, 그리고 조직 구성원 상호 간의 이해관계를 공정하게 통제하고 조정하는 경영 활동을 말한다. 즉 사람과 관련된 업무를 하는 것이라고 이해하면 된다. 나를 포함해 두 명 이상이 모이면 무리가 되고, 그 무리에서 공통의 목적의식이 생기면 집단으로 발전한다. 각 집단과 집단이 모여 조직을 만들게 되는데, 조직을 운영하고 조직의 성장 및 발전을 위해서는 사람이 필요하다. 그 사람을 선발하고 관리하는 직무가 바로 인사라는 이름으로 불리는 직명이다.

인사관리의 핵심은 인재를 확보하고 체계적으로 관리해 조직의 성장과 발전에 기여할 수 있는 인재로 성장시키는 것이다. 이는 공공기관과 일반 기업체가 동일하다. 조직의 미션과 비전을 이해하고 함께 성장할 수 있는 인재를 확보하는 것은 인사 부서가 제일 우선시해야 하는 업무이다.

❝ '조직에서 필요한 핵심 인재는 능력과 자질이 뛰어난 인재인가, 아니면 조직에 적응을 잘하는 적합한 인재인가?'라는 물음을 인사쟁이는 항

상 스스로에게 해야 한다. 조직이란 여러 사람들이 하나의 목적을 달성하기 위해 모인 곳이다. 그 조직을 운영하기 위해서는 위계질서가 있어야 하고, 규정과 방침이란 관리 체계가 있어야 한다. 조직에 적응할 수 있는 인재를 선발해야 장기간 조직과 함께 성장하고 발전할 수 있다. 인력을 채용한다는 것은 조직과 함께 오래 같이 가고자 하는 인재를 선발하는 것이기 때문에 조직의 목적을 이해하고 조직에 잘 적응하는 사람이 중요하다. 사기업체는 조직 적응도보다 해당 분야의 최고 전문가를 뽑아 그 사람이 가지고 있는 능력을 최대한 활용하고자 하는 경우가 많지만 공공기관에서는 개개인의 능력보다는 조직적인 대응과 관계 속에서 업무를 수행하기 때문에 그 특성을 이해하는 것이 더 중요하다. **"**

조직의 자원은 크게 물적자원(생산·재무·영업)과 인적자원(사람)으로 구분한다. 물적 자원은 물리적 현상과 자연법칙 등에 의해 관리되기 때문에 해답이 있는 정형화된 분야이다. 하지만 인적자원은 인간을 대상으로 그 인간의 감정과 태도, 성향 등을 고려해야 하기 때문에 정해진 답이 없다. 그만큼 변화무쌍하고 상황에 따라 대응방법도 다양할 수밖에 없다. 공공기관 인사쟁이는 폭넓은 사고를 바탕으로 다양한 의견을 수용할 수 있는 열린 마음의 자세를 갖고 있어야 한다. 그래서 인사쟁이의 第一의 덕목은 '경청'이며 '인내'이다.

4. 인사관리 체계

　일반 행정 업무를 수행할 때 계획^{Plan}을 수립하고 실행^{Do}하고 그에 대한 평가^{Check}를 통해 개선/환류^{Action}하는 것과 같이 인사 업무도 동일하다. 인사관리에서는 크게 두 가지 방법으로 체계를 분류하는데, 하나는 직능적(구조적) 체계와 앞에서 언급했던 관리과정적(기능적) 체계로 구분한다.

　직능적(구조적) 체계는 조직에서 필요한 사람을 고용·배치하고 활용하며 평가와 보상, 개발과 유지 등을 하는 각종 활동에 따른 분류 체계를 말한다. 조직에서 사람을 채용하기 위해서는 사람이 할 수 있는 직무^{Job}가 있어야 한다. 직무는 기관의 설립목적을 달성하기 위해 추진해야 하는 일이다. 이러한 일을 수행하기 위해 직무분석을 통해 직무를

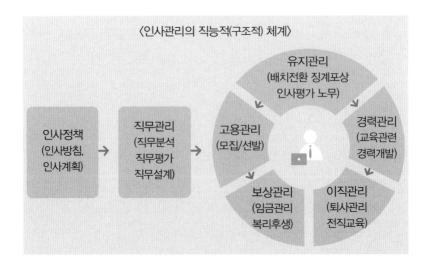

〈인사관리의 직능적(구조적) 체계〉

평가하고 설계해 직무체계를 마련하게 된다. ①기관의 설립목적에 적합한 직무를 수행할 수 있는 사람을 모집 및 선발하는 고용관리를 해야 하며, ②사람을 채용하면 배치하고 능력 개발로 근로 의욕 고취 및 동기부여를 하는 유지관리를 한다. 이를 통해 ③성과를 달성하고 평가를 통해 보상을 하며, 근로 욕구를 충족하기 위한 활동(보상관리/경력관리/이직관리)을 하게 된다. 이러한 일련의 과정을 직능적(구조적) 체계라고 한다.

관리과정적(기능적) 체계는 하나의 단위 사업을 중심으로 계획^{Plan}을 수립하고, 실행^{Do}하고, 그에 대한 평가^{Check}를 통해 개선/환류^{Action}하는 일련의 과정을 말한다. 채용 업무를 수립할 때 채용 계획에 채용 규모와 방법, 절차 등에 대해서 세부적인 기준을 계획에 반영하고 그 계획에 따라 집행하고 확인하며 점검을 한다. 채용이 완료되면 결산을 통해서 진행 과정에서의 문제점이나 보완 사항을 검토하고 재평가해 차후 추진할 채용 계획이 개선될 수 있도록 결과 보고를 하게 된다. 이렇게 인사 업무를 수행하는 체계를 관리과정적(기능적) 체계라고 한다.

5. 직급에 따른 인사관리 직무

공공기관의 직급 체계는 기관마다 상이하지만 일반적으로 6직급 체계로 운영한다. 직급에 따른 호칭 체계는 기관의 역사와 전통, 구성원 간의 이해관계 속에서 만들어지기 때문에 정형화된 체계는 없다. 다만 사회 통념상 사용하는 호칭이 실장(1급)–부장(2급)–차장(3급)–과장(4급)–대리(5급)–주임(6급)[3]과 같으며 일반 행정을 하는 공공기관에서는 이를 준용하고 있다.

“ 임원은 직원이 아니기 때문에 공공기관 직급 체계에서는 예외로 한다. 임원은 상임이사로 기관장이나 본부장 등의 호칭을 사용하며 기관의 조직 구성에 따라 호칭은 달라질 수 있다. 기관의 조직이 '실' 단위가 아닌 '단'이나 '처' 단위일 경우에는 해당 부서장을 1급에서 2급인 직원 중에서 임명하게 되며 호칭은 일반적으로 단장이나 처장으로 한다. ”

“ 기관이 설립되고 처음 설계된 직급체계는 변경하기가 매우 어렵다. 한번 설계된 이상 특별한 변환점이 없는 경우에는 지속적으로 유지되는 것이 일반적이다. 직급을 확대하거나 축소하게 되면 구성원 간 갈등이 발생할 수 있기 때문이다. 최근에는 직급을 축소하는 경향이 강하다. 의

---

3 공공기관의 직급체계는 표준화된 내용은 없으며 4직급 체계에서 6직급 체계 등으로 기관마다 상이하다. 기관의 역사가 오래된 곳은 대부분 6직급 이상의 직급체계를 유지하고 있으나, 최근 설립된 기관들은 수석급–책임급–선임급–전임급의 4직급 체계로 직급체계를 설계하는 경우가 많이 있다.

사소통을 활성화하고 신속한 업무를 처리하기 위함이다. 다만, 공공기관은 정해진 절차와 규정에 따라 업무를 수행하고 위계질서가 명확하기 때문에 직급체계를 과도하게 축소하는 것은 바람직하지 않다고 생각한다. **"**

〈행정직 직급별 호칭 체계 사례〉

▣ 추진 배경
◦ 「인사규정」제00조에 따라 직군은 2개 직군(행정직/기술직), 직급은 6직급으로 구분되어 있음
◦ 보직자(부장급 이상)를 제외한 3급 이하 직급에 대한 적절한 호칭*이 없으며, 대내외적인 업무 수행 시 업무 상대자로부터 호칭을 문의받는 사례가 지속적으로 발생
  * 3급 이하 직급의 경우, 대부분 호칭을 '~선생', '~씨', '~님'이라고 함
◦ 대내외적 업무 수행을 원활하게 하고 직급 간의 위계를 확립하기 위해 직급별 호칭 체계를 마련하고자 함

▣ 타 기관 호칭 체계 검토
◦ 일반적인 공공기관에서는 대체적으로 1급에서 6급까지의 직급 체계이며, 각 직급별 호칭은 다음 표와 같음

구분	1급	2급	3급	4급	5급	6급	7급
한국○○○○	처장	팀장	차장	과장	대리	사원	–
한국○○○○	처장		부장	차장	과장	대리	사원
국립○○○○	처장	부장/소장	과장		계장	주임	
국립○○○○	처장	부장	차장	과장	계장	주임	사원

▣ 직급별 호칭(안)

o (부여 방법) 보직자와 비보직자로 구분하고, 타 기관의 사례를 참고하여 일반 공공기관에서 적용하고 있는 호칭 체계 적용

o (적용 방안) 보직자는 현 직책(실장, 부장·팀장)을 사용하고 비보직자는 3급 차장, 4급 과장, 5급 대리, 6급 주임으로 호칭

   – 1급 및 2급의 비보직자는 해당 직급 보직자의 호칭을 준용하여 사용

o (적용 시점) 20○○년 7월 1일 부

▣ 후속 조치

o 호칭 체계 확정 시 공문 및 명함 등에 사용

붙임 1. 개인별 호칭 현황 1부.
     2. 타 기관 직급별 호칭 체계 현황 1부. 끝.

공공기관은 기관의 정원 규모에 따라 인사부서의 역할과 기능이 다르다. 정원이 100명에서 500명 사이에 있는 기관은 운영지원부(팀), 인사총무부(팀), 경영지원부(팀) 등의 명칭으로 인사와 총무, 노무 업무를 함께 수행하는 경우가 많다. 정원이 500명 이상인 규모가 큰 공공기관부터는 인사부서가 독립적으로 운영되는 경우가 많고 기능과 역할에 따라 세부적으로 부서가 나눠지기도 한다. 정원이 1,000명 이상이 되는 대규모 공공기관에서는 인사 부서가 '부' 단위에서 '실', '처' 등의 단위로 확대되어 인사, 노무, 교육, 보수 등 세부 직무별로 부서가 나뉜다.

'부' 단위의 인사 부서는 기본적으로 부서장이 업무를 총괄하고, 차장급이 인사기획·평가·조직관리·직무관리, 과장급이 채용·보수·각종

위원회 운영, 대리급 또는 주임급이 직원교육·노무·복리후생 등의 업무를 난이도에 따라 직급별로 업무를 수행한다. 기관별로 부여하는 업무는 직급별로 상이할 수 있으나 일반적으로 직급이 올라갈수록 새로운 것을 기획하고 사람과의 관계를 조율하는 업무 위주로 직무를 수행하고, 직급이 낮을수록 계획된 업무를 실천하는 행동 위주의 업무를 주로 수행한다. 하위 직급에서 기본적인 행정 능력과 보고서 작성 능력 등을 숙달해야 새로움을 창조할 수 있는 역량을 키워 상위 직급에서 할 수 있는 직무를 성공적으로 수행할 수 있다.

〈공공기관 인사 부서 업무 분장표 사례〉

구분	업무	비고
부장급 (부서장)	· 부서 업무 총괄	
차·과장급	· 인사 기획 및 직원 근무성적평정 · 노동조합 및 노사협의회 · 보수관리 · 인사위원회 및 임원추천위원회 등 각종 위원회 운영 · 승진 및 보직, 징계 · 직원 채용 및 배치(근로계약 및 인사발령)	
대리급	· 노동조합 및 노사협의회 · 직원 포상 · 직원 교육훈련(성폭력예방교육포함) · 대외 요청 자료 생성	
주임·사원급	· 인력현황 관리(정규직 및 무기계약직, 계약직) · 직원 복무관리 · 복리후생 제도 운영(가족친화경영) · 직원 보수지급 및 4대보험 관리	

PART 2

공공기관 인사관리 6대 핵심 직무

1. 직무관리

직무란 '담당자에게 부여된 일Job, 또는 맡겨진 일'을 의미한다. 직무는 '업무', '임무', '일' 등과 동일한 표현이며 내가 할 수 있는 행위의 범위를 말한다. 즉 책임과 권한의 범위다. 나의 위치(직급, 직책)에 따라 직무의 범위와 권한, 책임이 다를 수 있기 때문에 직무관리를 통해 명확하게 해야 한다.

직무관리는 인사관리의 처음이자 끝이다. '직무'가 있어야 사람을 선발할 수 있고, '직무'의 변화에 따라 교육훈련을 통해 새로운 지식과 기술을 습득하고 역량을 갖춘 사람을 키울 수 있다. 사람이 '직무'를 수행해야 조직이 이윤을 창출하여 더 나은 보수와 복리후생 등을 도입할 수 있다. 시대의 흐름과 산업 구조의 변화, 내부 구성원들의 다양한 인식 등을 고려해 직무관리는 능동적으로 지속성을 갖고 관리해야 한다.

대부분의 공공기관은 직무관리를 외부 전문업체에 위탁해 추진하는데 그 이유는 기관 내 직무관리를 할 수 있는 ① 전문 인력이 부족하고, ② 구성원 간 이해관계가 얽혀 있기 때문이다. 직무관리는 새로운 인사관리(조직 개편, 보수 및 평가 체계 개선 등)를 추진할 때 반드시 선행적으로 진행 하지만 직무관리(분석, 평가, 설계)만을 위해 진행하지는 않는다. 직무관리는 인사 제도 설계의 한 과정[4]으로 직무관리를 통해 얻어진 결과물로 인사 제도를 새롭게 설계할 수 있는 기초 자료로 활용한다. 직무관리가 제대로 진행되어야 기관에서 추구하는 인사 운영 방향과 목적대로 인사 제도를 설계할 수 있다.

공공기관에서 직무관리의 필요성이나 중요성 등에 대해서 정확하게 인식하고 직무를 수행하는 인사쟁이나 상위 직급자는 많지 않다. 왜냐하면 첫째, 직무를 분석하고 평가해 설계하는 직무가 전문가의 영역으로 업무 전문성이 없는 사람이 쉽게 접근하기 어렵고, 둘째, 결과를 도출하기 위한 하나의 과정이라는 인식이 강하며, 셋째, 이해관계자(부서 및 개인) 간의 대립이 발생할 수 있기 때문이다. 그래서 직무관리를 조

---

4 직무를 분석하고 평가하며 설계하는 직무관리는 인사 및 조직관리를 하기 위한 하나의 과정이다. 보수설계를 위한 직무관리를 할 수도 있고 조직재설계를 위한 직무관리를 할 수도 있다. 목적에 따라 직무관리 즉 직무분석을 어떻게 할지에 대한 방법론이 달라질 수 있기 때문에 직무관리를 하기 위한 목적이 중요하다.

직 내에서 자체적으로 추진하게 되면 분란의 소지가 될수 있어 대부분의 기관에서 외부 전문업체에 위탁해 객관적이고 중립적인 입장에서 전문적으로 접근하려는 경향이 강하다.

> **&&** 직무 중심의 채용을 공공기관에서 추진하면서 직무관리를 통해 개발된 직무기술서 또는 직무설명서를 인력 채용에 활용하고 있다. 채용하고자 하는 해당 직무를 지식·기술·태도의 관점에서 설명하고, 경력에 따른 직무의 범위를 설정해 응모 예정자에게 공개한다. 채용 공고를 할 때 직무기술서도 함께 공고하여 취업 준비생이나 이직을 고려하고 있는 응모 예정자에게 채용 기관의 선발 직무에 대한 이해도를 높이고, 자신의 조건과 능력에 맞게 지원할 수 있도록 해 사전 안내의 역할을 하고 있다. 직무 수행에 필요한 자격과 능력을 겸비한 적합한 인재를 채용해야 기관 입장에서도 성공적인 채용이 될 수 있다. **&&**

직무관리에서는 직무에 대한 분석, 해당 직무에 대한 평가, 평가를 바탕으로 직무를 설계하게 되는데 이를 직무분석, 직무평가, 직무설계로 구분하고 있다.

01 직무분석

직무분석은 직무 수행을 위해 필요한 모든 정보(지식·기술·경험·능력·태도 등)를 수집하고 관리 목적에 적합하게 정리하는 과정이다. 즉

일을 분류하고 정리하여 그 일을 성공적으로 수행할 수 있는 요건을 정리한 것이다. 직무분석을 하는 목적은 인사관리의 시작이기 때문이다. 일이 있어야 사람을 선발할 수 있고, 일의 변화에 따라 사람도 변해야 하며, 일을 해야 수익을 창출할 수 있다.

공공기관에서는 직무분석만을 위한 컨설팅을 실시하지는 않는다. 조직 개편이나 보수·인사 관련 개선을 위해서 컨설팅을 할 때 하나의 과정으로 직무분석을 실시한다. 조직의 직무가 분석이 되어야 조직 개편이나 보수, 인사 관련 개선 사항을 확인할 수 있다. 인사쟁이는 최종적인 컨설팅의 목적을 달성하기 위해 가장 중요한 직무분석에 대해서 개념적 정의와 방법 등을 알고 있어야 용역을 수행하는 컨설턴트와 실무적 대화가 가능하다.

직무분석을 하기 위해서는 관련 용어에 대한 정의를 알아야 한다.

① 과업task : 특정 목적을 달성하기 위해 수행되는 하나의 작업활동을 말하며, 가장 낮은 수준의 분석 단위이다. 쉽게 말해 인사직무 내 급여 지급, 평가계획 수립 등과 같은 작업활동의 단위를 과업이라 한다.

② 직위position : 한 사람에게 부여된 과업의 집합이다. 직원의 수만큼 직위의 수가 존재하고, 유사성을 갖고 있는 직위가 통합되어 직무를 형성한다. 예를 들어 인사팀에 평가 담당 업무를 수행하는 직

원이 4명이 있다면 4개의 평가 담당 직위가 있는 것이며, '평가'라는 하나의 직무가 있는 것이다.

③ 직무^{job} : 조직 내 유사한 직위들의 집합을 말한다. 어떤 경우에는 유사한 직위가 없어 한 직위만으로도 직무가 구성되기도 한다. 따라서, 직무의 수는 직위 수와 같거나 적을 수밖에 없다. 직무는 '인사', '기획' 등과 같이 큼직하게 분류할 수도 있고, '평가', '교육', '예산', '기획' 등과 같이 조금 더 세분화해 분류할 수도 있다.

④ 직군$^{job\ family}$: 유사하고 공통적인 특성이 있는 직무의 집합이다. 일명 직업이라고도 말할 수 있는데 변호사, 노무사, 의사를 직군이라고 말할 수 있다. 조직 내에서는 업무의 성격과 역할을 분류하여 연구직, 관리직, 일반직, 공무직, 무기계약직을 직군으로 구분할 수도 있다.

〈직군 및 직무, 과업 분류 사례〉

직군	직무	과업
관리직	기획, 인사, 총무, 노무, 재무, 회계, 교육, 대외협력, 계약/구매, 홍보, 산업안전보건	예산 편성, 자금 관리, 비용 지출, 채용, 배치, 인사 발령, 근로계약 체결, 인건비 지급
연구직	표본 관리, 특허 관리, 수장고 관리	수장고 품목 관리 및 운영 표본 조사 및 확보, 보존 추출물 관리, 미생물 배양

직무를 분석하는 방법은 ① 면접법, ② 관찰법, ③ 중요사건법, ④ 질문지법, ⑤ 워크샘플링법 등이 있는데 제대로 된 직무분석을 하기 위해서는 직무분석 방법을 혼용해서 활용해야 좋은 결과를 얻을 수 있다.

① 면접법은 대면 인터뷰를 통해 직접적으로 정보를 획득하는 방법으로 사전에 직무 분석자가 그 직무에 대해서 잘 이해하고 있어야 좋은 결과물을 얻을 수 있다. ② 관찰법은 직무 분석자가 직무 수행자를 집중적으로 관찰해서 정보를 획득하는 방법으로 직접 대화나 체크리스트 활용, 작업표 기록 등의 방법을 활용한다. 관찰법은 표준화된 사업장이나 수작업 등 생산직이나 기능직에 활용하는 것이 적합하다. ③ 중요사건법은 직무 활동 중에서 중요한 가치가 있는 면에 대한 정보를 수집하는 것을 말한다. 이를 통해서 직무에 대한 난이도, 빈도, 중요성, 기여도 등을 판단할 수 있다. ④ 질문지법은 표준화된 질문지를 사용하여 직무와 관련된 항목을 체크하면서 정보를 수집하는 방법이다. 시간과 비용이 절약되며 다양한 형태의 정보를 획득할 수 있고 계량화된 직무 정보를 분석할 수 있다. ⑤ 워크샘플링법은 관찰법의 발전된 형태로 전체 작업 과정 동안 무작위적인 간격으로 많은 관찰을 통해서 직무 행동에 관한 정보를 수집하는 것이다.

실무에서는 주로 면접법과 질문지법을 통해서 구성원의 직무와 생각을 분석하고 관찰법을 통해서 미흡점을 보완하는 방법으로 직무분석을 실시하고 있다. 직무분석을 하는 목적은 직무에 대한 분석을 통해서 인사관리의 기초 자료로 활용[5]하기 위해서다. 그렇기 때문에 직무분석의 결과물이 중요한데 그 결과물은 직무기술서와 직무명세서의 형태로 도출된다. 공공기관에서는 직무기술서와 직무명세서를 구분하기보다는 직무기술서 형태로 통합해서 활용하고 있으며 직무 중심의 인력 운영이 공공기관 인사관리의 핵심이 되면서 직무기술서의 중요성은 높아지고 있다. 직무기술서는 직무 수행과 관련된 과업 및 직무 행동을 일정한 양식에 기술한 문서를 말하는 것으로 직무설명서라고 말하기도 한다.

앞에서 언급했듯이 기관 차원에서 직무분석을 직접 수행하기에는 어려움이 있다. 전문적 인력도 부족하거니와 내가 하고 있는 직무가 분석되고 내가 하는 일의 양이 공개되기 때문에 구성원 누구도 반갑게, 그리고 적극적으로 직무분석에 나서지 않는다. 결정적으로 조직 구성원 간 이해 상충이 발생하기 때문에 더욱더 어렵다. 그래서 외부 전문기관[6]에 위탁해서 진행하는 것이다. 직무분석이 성공하기 위해서는 기관장의 의지가 가장 중요하다. 왜 직무분석을 해야 하는지, 목적과 취지가 무엇인지를 명확하게 정립하고 구성원을 설득시킬 수 있는 기관장이 있을 때만이 제대로 된 직무분석을 할 수 있다.

---

5 직무분석을 하는 이유는 조직을 재구성할 때 인력 및 직무를 확인하거나 부서별 잉여 인력 등을 파악하는 방법으로 활용할 수 있고 평가제도나 보수제도 등을 설계할 때도 적용할 수 있다. 그래서 직무분석을 하는 목적이 명확해야 그 목적에 맞는 직무분석을 할 수 있다.
6 외부 전문기관에 의뢰해 직무분석을 할 경우, 용역회사가 가지고 있는 직무분석 방법론에 대해서 사전 확인을 반드시 해야 한다. 직무분석에 대한 방법론은 용역업체마다 상이하기 때문에 직무분석을 실시하는 목적에 적합한 방법론을 적용하고 있는지를 인사쟁이는 확인하고 점검할 수 있는 기본적인 직무역량을 갖추고 있어야 한다.

❝ 직무분석을 통해서 개개인의 업무량을 판단한다는 것은 실무적으로 굉장히 어렵다. 이론적으로도 개개인의 업무량을 정확하게 판단해 잉여 인력 규모 등을 산출할 수 있는 적정한 방법론은 없는 것으로 알고 있다. 앞에서 언급한 방법들은 현상을 분석하고 현재 근무하고 있는 근로자를 통해 직무와 인력을 산출하는 방법으로 계량화된 표준인력을 산출하는데는 한계가 분명히 존재한다. 그래서 이를 보완하기 위해 유사 기능을 수행하는 기관과의 비교분석을 많이 하는데 이 또한 해당 기관의 직무 특성을 고려하지 못하는 문제점이 있어 직무분석을 실시할 때는 현실적으로 많은 어려움이 발생한다. 그래서 직무분석을 왜 하는지 그 목적을 명확하게 정하고 목적에 맞는 분석방법을 적용하는 것이 중요하다. 물론 기관장의 의지와 구성원의 참여와 동의가 필수적인 것은 당연한 일이다. **❞**

02 직무평가

직무에 서열이 있을까? 있다면 어떻게 그 서열을 판단할 수 있을까? 인사업무를 하면서 궁금했던 의문 사항이다. 직무평가는 직무 간 서열을 평가하는 업무이다. 직무의 서열을 나누고 직무별 가치를 평가하는 업무가 직무평가이다. 직무분석이 끝나면 그 조직에서 수행하는 모든 직무가 나열되고, 나열된 직무는 난이도와 중요도, 직무별 상대적 가치 등에 따라 어떤 직무가 다른 직무보다 우선하는지가 판단된다.

직무평가가 중요한 것은 보수 체계와 연동되기 때문이다. 직무의 상대적 가치를 평가해 서열화하고 직무의 난이도와 중요도, 위험도 등을 평가해 보수를 지급하는 것이다. 이것이 직무급제이다. 어떤 직무를 수행하느냐에 따라 보수가 결정되고 그 성과로 등급이 결정된다. 최근 공공기관에서는 직무급제가 핵심 이슈가 되고 있다. 직무급제에 대해서는 후술하도록 하겠다.

직무평가가 보수와 연동되다 보니 직무분석과 같이 조직 내부에서 직접적으로 업무를 수행하기는 곤란하다. 업무를 수행하는 인사부서도 직무평가의 대상자이기 때문이다. 그래서 직무평가도 대부분의 공공기관에서 외부 전문기관에 위탁해 추진한다. 직무평가를 하는 방법은 비계량적 평가 방법인 서열법과 분류법, 계량적인 평가 방법인 점수법과 요소비교법이 있는데, 공공기관 인사쟁이가 직접적으로 직무평가 컨설팅을 수행하는 일은 거의 없기 때문에 방법의 종류와 개념만 이해하면 된다.

❝ 인사관리 업무 수행 경력이 약 20년 이상인 저자도 직무평가를 직접 수행한 경험은 없다. 직무평가라는 업무의 특성상 기관 내에서 수행하기 부적합한 면도 있지만 해야 하는 이유가 그렇게 많지 않았기 때문이다. 그러나 최근에는 직무에 따라 개인의 능력과 성과를 중시하는 경향이 강해 직무급제에 대한 관심이 높아지고 있다. 직무급제를 도입하기 위해서는 반드시 직무평가를 실시해야 하기 때문에 인사쟁이는 직무평가에 대한 이론과 방법, 절차 등을 공부할 필요가 있다. **❞**

〈직무평가 방법〉

구분		내용
비계량적 평가방법	서열법	·직무의 상대적 가치에 기초를 두고 각 직무의 중요도와 장점에 따라 순서를 정하는 평가 방법
	분류법	·직무를 여러 가지 수준이나 등급으로 분류하여 표현하는 것으로 어떠한 기준에 따라 사전에 만들어 놓은 모든 등급에 각 직무를 적절히 판정하여 맞춰 넣는 평가 방법
계량적 평가방법	점수법	·직무의 대상이 되는 직무 상호 간의 여러 가지 요소를 뽑아내서 각 요소의 중요도에 따라 점수를 산정하고, 총점수를 구하는 평가 방법
	요소 비교법	·직무들 간의 서열을 평가 요소별로 매기는 방식으로 여러 직무들을 전체적으로 비교해서 순위를 매기는 평가 방법

※자료: 네이버 지식백과(2023년 10월 14일 검색) 재구성함

03 직무설계

직무설계는 직무분석과 직무평가에서 얻어진 자료를 바탕으로 합리적인 작업 방법의 변화를 추구하는 과정이다. 모든 구성원들에게 동기부여와 생산성 향상을 목적으로 직무 만족을 증대시킬 목적으로 추진한다. 그 방법은 직무순환, 직무확대, 직무충실화, 직무특성이론 등이 있다.

공공기관에서는 직무설계라는 용어 자체가 낯설다. 왜냐하면 공공기관에서는 직무 순환의 방법으로 순환 보직을 정기적으로 실시하고 있고, 직무 전문성보다는 보편적 업무 능력을 습득하는 것을 우선시하기 때문에 일부 특수 직능을 제외하고 대부분의 직무 영역에서 순환 보직을 원칙으로 하고 있다. 직무설계를 하는 목적은 개개인의 직무 역량을 강화하고 직무 만족을 극대화해 조직 생활의 활력을 도모하고자 하는 것이다. 공공기관에서는 근무 연차와 직무 능력 등을 고려해 직무순환을 실시하고 있다. 개인별 의견 수렴 절차를 통해 개개인이 원하는 자리에 순차적으로 순환 보직함으로써 개개인이 느끼는 직무 만족을 개선해 업무 능률을 높이는 방향으로 직무를 설계한다. 딱히 직무설계라는 용어를 사용하고 있지는 않지만 조직의 활력을 불어넣기 위해 직무순환, 직무확대, 직무충실화 등 다양한 형태의 직무설계를 실시하고 있다.

한 직무에서 오랜 기간 근무를 하게 되면 나태함이라는 나도 모르는 불치병이 찾아오게 된다. 기존에 하던 업무대로 '그냥'이라는 말을 달고 살면서 업무 개선은 하지 않는 경우가 나타난다. 권태기라고 하는데 공공기관에서는 일부 특수한 직능(감사, 회계 등)을 제외하고는 2년에서 3년에 한 번씩 주기적으로 순환 보직을 통해 이러한 문제를 극복하고자 노력한다. 구성원 개개인에게도 새로운 업무를 배울 수 있는 기회이고 개개인의 업무 영역을 확장하는데도 도움이 될 수 있기 때문에 공공기관에서는 직무순환 즉 순환 보직을 선호한다. 영역이 완전히 다른 직무로 보직을 변경하는 경우는 드물고 유사 직무 내에서 경력 관리를 하면서 순환 보직(직무순환)하고 있다.

<〈직무설계 방법〉>

구분	내용
직무순환	근로자가 다양한 직무를 경험하게 하는 것으로 여러 직무 수행으로 능력과 자질을 높이는 방법
직무확대	근로자에게 중심 과업의 수행은 물론 기타 관련 과업을 동시에 수행하도록 하여 개인의 직무를 중심 과업으로부터 보다 넓게 확대하는 방법
직무충실화	근로자가 자아성취감과 일의 보람을 느낄 수 있도록 계획에서부터 실행, 통제까지의 업무를 위임하는 방법
직무특성이론	특정한 직무 특성(기술 다양성, 과업 정체성, 과업 중요성, 자율성, 피드백)이 특정한 심리 상태를 유발하여 직무 성과와 연관되게 하는 방법

※자료: 네이버 지식백과(2023년 10월 14일 검색) 재구성함

　직무관리는 인사관리 업무의 시작이다. 하지만 직무관리는 실무적인 영역에서 벗어나는 전문적인 영역이라고 말할 수 있다. 인사쟁이는 직무관리 컨설팅을 통해 얻은 결과물을 검토해 조직에 적합하게 반영할 수 있도록 계획을 수립하고 실행하는 역할을 수행하게 된다. 직무관리가 무엇이고 왜 하는지, 직무관리를 기관 차원에서 직접할 수 없는 이유는 무엇인지를 명확하게 이해할 때 제대로 된 직무관리를 실무적으로 할 수 있다.

　❝ 공공기관에서 인사 및 조직관리 업무를 수행하면서 수많은 직무분석을 실시했다. 조직재설계를 위한 직무분석에서 직무별 적정근무시간을

산출하기 위해 부단히 노력했던 기억이 있다. 개개인의 근무시간을 분석도 해보고 직무별 우선순위에 대한 정성적인 평가도 해봤었다. 어떻게 하면 부서별 잉여인력을 수치적으로 산출할 수 있을까를 고민도 해봤고 용역을 통해서도 적정인력산출을 해보고자 했지만 결과는 실망스러웠다. 사람이 없는 상태에서 조직 관점에서 인력을 산출하는 것은 가능하지만 사람이 있는 상태에서 적정인력과 잉여인력을 산출하는 것은 불가능에 가깝다는 것을 알았다. 이론적으로도 적정인력을 산출하는 방식은 정확하게 없다. 그냥 비교법에 의해서 타 기관 사례와 개개인이 답변하는 근무시간과 시간외근무 시간 등을 종합적으로 고려해 적정인력을 산출하는 것 뿐이다. 인사쟁이는 이러한 현실적 제한사항을 인지하고 목적에 부합하는 직무관리를 하는 것이 좋겠다는 생각이다. **"**

2. 채용관리

채용은 인사관리의 시작이자 꽃이다. 직무관리가 사람을 채용하기 위해 할 일을 사전에 정리하는 준비 과정이라면, 채용관리는 실질적으로 일을 할 수 있는 사람을 뽑는 직무이기 때문에 인사관리의 시작을 의미한다. 공공기관에서는 조직에 적합한 핵심 인재를 채용하기 위해 적합한 선발도구를 개발해 인재를 뽑고 있다

채용관리는 인사관리의 중요한 핵심 직무이다. 채용이란 직무가 인사관리의 시작이기도 하지만 이해관계가 전혀 없는 사람들을 대상으로 업무를 수행하기 때문에 중요하다. 대부분의 인사관리(보상 및 평가, 유지관리, 노무 등)는 기관과 근로계약이 체결된 내부 구성원이 대상인 업무지만, 채용관리는 조직 구성원이 아닌 불특정 다수인 제3자를 대상으로 하기 때문에 한 번의 실수로도 기관에 좋지 않은 영향을 미칠 수 있다. 그래서 전문적이고 공정하며 객관적인 방법으로 투명하게 채용관리를 진행하고 관리해야 한다.

> ❝ 공공기관의 모든 행정행위는 제3자의 관리·감독을 받는다. 인사관리도 마찬가지로 3년에 한 번씩 주무기관에서 정기적인 종합 감사를 받고, 채용의 경우에는 채용 비리 근절을 위해서 특별 감사를 수시로 받고 있다. 공공기관 인사쟁이는 내가 한 행위가 불법이 아닌지 잘못된 행정이 아닌지를 항상 확인하고 차후 이상이 없도록 점검에 점검을 지속적

으로 해야 한다. 공공기관의 모든 행정은 투명하게 그리고 간결하게 추진하는 습관을 길러야 한다. 내가 한 행위는 반드시 제3자가 확인하고 점검한다는 점을 명확하게 인식해야 성공적으로 인사관리를 수행할 수 있다. **"**

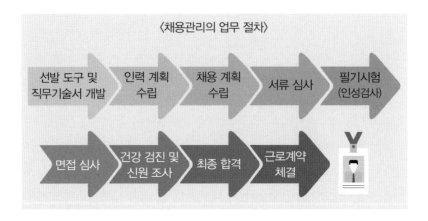

〈채용관리의 업무 절차〉

선발 도구 및 직무기술서 개발 → 인력 계획 수립 → 채용 계획 수립 → 서류 심사 → 필기시험 (인성검사)

면접 심사 → 건강 검진 및 신원 조사 → 최종 합격 → 근로계약 체결

01 인력 계획

인력 계획은 기업에서 필요로 하는 인원의 수를 일정한 시점을 기준으로 미리 예측해 인력 수급을 조정하는 계획을 말한다. 과거 통계 자료나 매출 규모, 인사 부서의 축적된 자료 등을 통해 적정 정원을 산출하고 인력의 수요 예측, 공급 계획, 인력의 과부족을 종합적으로 고려해 계획을 수립하게 된다. 하지만 공공기관은 사기업과는 인력 계획을 수립하는 과정이 다르다. 공공기관의 인력 계획은 정원을 기준으로 수립하는데 공공기관 정원은 기관 자체적인 판단으로 증감을 할 수 있는

것은 아니다. 정부 관련 부처(주무기관 및 기획재정부)와 협의를 통해 정원을 확정할 수 있다.

사기업들은 국내와 경제 상황, 시장의 특성, 시장 여건, 소비자의 행동 패턴, 정부의 정책 방향 등에 따라 자체적인 판단에 의해 인력 계획을 수립할 수 있는데 반해 공공기관에서는 인건비를 정부에서 출연금이나 지원금, 보조금의 형태로 지원받기 때문에 정원을 증원하기 위해서는 반드시 정부 관련 부처와의 협의와 승인의 절차를 거쳐야 한다. 공공기관에서는 정원에 따라 중장기 인력 운영 계획과 해당 연도 인력 계획을 수립할 수 있기 때문에 인사쟁이는 정원 관리에 관심을 갖고 있어야 한다.

> **❝** 법령에 근거해 독점적 사업으로 자체 수입이 있는 대규모 공기업은 정부의 지원 없이도 인건비를 충당할 수 있지만, 정원을 기관 마음대로 증원할 수는 없다. 다만 자체 충당이 가능한 인건비의 범위 내에서 주무기관 및 기획재정부와 협의로 정원이 확정될 수 있어 정원 증원 및 관리에 융통성은 있을 수 있다. **❞**

정원을 증원하기 위해서는 매년 상반기에 익년도 정원 증원 요구서를 작성해 주무기관과 협의를 하고, 7월에서 8월경 기획재정부와 협의를 통해 정원 증원 여부가 확정된다. 공공기관 인사쟁이는 정원 증원을 할 때 다음의 사항을 고려해서 증원 논리를 개발해야 한다.

첫째, 정원 증원의 정당성을 확보해야 한다. ✍️

'정원이 증원된다'는 의미는 정부에서 지출해야 하는 예산(돈)이 증원되는 인원만큼 늘어난다는 것을 의미한다. 정부 예산이 늘어나는 만큼 정원 증원의 정당한 사유가 명확해야 증원은 가능하다. 그래서 증원 이유와 필요성을 정량적 데이터를 바탕으로 타당한 설득 논리를 만들어야 한다. 이때 가장 효과적이고 확실한 방법은 법령 개정을 통해 정원을 증원하는 방법이다. 가장 어려운 방법이기도 한데 국회에서 새로운 사업을 법령에 명기하게 되면 그 사업을 수행하기 위한 정원은 증원될 수밖에 없다. 2020년 초반에 새로 설립된 공공기관(국립항공박물관, 국립해양과학관 등)은 정원의 증원은 아니지만 법률로 기관이 설립되고, 해당 사업이 법률에 명시되어 있기 때문에 그 사업을 추진할 정원을 기획재정부에서 인정한 것이다.

둘째, 국정 방향과 연계될 수 있는 사업을 찾아야 한다. ✍️

공공기관은 정부의 정책을 집행하는 기관이다. 정부가 추진하는 정책 방향(국정과제)에 따라 기관의 사업이 확대될 수도 있고 축소될 수도 있다. 인사쟁이가 정원을 증원하고자 할 때에는 정부의 국정 방향에 근거를 두고 논리를 개발해야 한다. 특히 대통령 연설이나 회의 등에서 하시는 말씀을 근거로 정원을 증원할 수 있는 논리로 활용할 수 있다. 대통령이 말씀하시는 사항은 정부의 중점 추진 사항이 되기 때문에 이를 사업화하여 정원을 증원하는 논리로 활용하면 효과적이다.

셋째, 법령에 지정된 필수 인력을 적극 활용해야 한다. ✍

기관을 운영하기 위해서는 각 분야의 전문 인력이 필요한 직무들이 있다. 일반적으로 관련 법령에서 그 기준을 정하고 있는데 대표적인 직무가 「산업안전보건법」상 안전관리자와 보건관리자이다. 상시 근로 인원을 기준으로 300명 이상인 경우에는 산업안전 관련 업무만을 전담하는 직원을 채용해야 한다. 이러한 법령상의 근거는 정원 증원 논리를 보다 설득력 있게 한다.

정원을 증원하고 유지관리하는 일은 기관의 역량에 따라 큰 차이를 보일 수 있다. 인사와 관련된 업무는 사람이 하는 일이기 때문에 잘 만들어진 보고서와 명확한 설득 논리 외에도 관련자와 적극적인 대면을 통해 기관의 입장을 설명하고 설득하며 이해를 구하는 노력이 있어야 한다. 기관장에서부터 인사쟁이까지 주어진 역할의 범위 내에서 좋은 결과를 얻기 위해 올바른 방법을 꾸준히 고민해야 한다.

> **❝** 정원관리는 조직관리를 주로 담당하는 기획부서에서 수행한다. 업무 연관성을 고려하기 때문이다. 인사부서는 확정된 정원에 따라 인력을 채용하는 업무를 수행하고 정원을 획득하고 배분하는 업무는 기획부서 업무라고 생각하면 된다. 매년 2월 경 중기인력운영계획을 수립해 이사회 승인을 받고 이를 근거로 다음연도 정원 증액 요구를 하게 되는데 주무기관 및 기획재정부와 협의를 통해 정원 증액 여부가 결정된다. **❞**

02 채용

　채용은 근로자가 사용자에게 근로를 제공하고 사용자는 근로자에게 근로의 대가로 임금을 지급하는 것을 내용으로 하는 근로계약을 체결하는 행위를 말한다. 즉 인력을 확보하기 위한 모든 과정(모집/선발/근로계약)을 포함하는 의미이다. 앞에서도 언급했듯이 채용은 조직 구성원을 대상으로 하는 업무 행위가 아니기 때문에 계획 수립부터 근로계약 체결까지 모든 과정이 투명하고 공정하게 진행되어야 한다. 특히 공공기관은 공적인 목적에 의해 설립된 기관이기 때문에 채용 과정에서 불미스러운 일이 발생하게 되면 사회적 지탄과 비판은 물론, 인사쟁이에게 내부 징계 또는 민형사상의 법적 문제도 발생할 수 있다.

　채용은 모집과 선발로 구분한다. 모집은 선발을 전제로 직무 수행에 적합한 능력이 있는 인력을 유인하는 행위로 모집 공고를 통해 채용하고자 하는 조건이나 인원 등을 표현한다. 선발은 모집에 응모한 취업 예비자 중에서 기관이 필요로 하는 자질과 능력을 갖춘 인력을 선별하는 활동이다. 모집은 다양한 방법으로 공고 사실을 내외부에 알려야 하는 것이고, 선발은 모집된 모집단 중에서 기관에 필요한 사람을 선택하는 것이라고 생각하면 된다.

　채용을 하기 위해서는 채용 계획을 수립하고, 모집 공고를 통해 많은 인원이 응모하게 해야 한다. 응모자가 적을 경우 기관 입장에서는 우수한 인재를 확보할 수 있는 선택의 폭이 좁아지기 때문에 온라인 및 오프라인 등 가용할 수 있는 홍보 수단을 동원해서 최대한 많은 응모자가 지원할 수 있도록 노력해야 한다.

공공기관에서 하나의 단위 사업을 추진하기 위해서 계획을 수립하는데, 계획은 사업을 추진하는 기준이나 지침이 되기 때문에 세부적이고 구체적으로 수립해야 한다. 채용 계획을 수립하기 위해서는 기관 내 인사규정이나 채용 시행 세칙 등 관련 제규정을 근거로 수립해야 한다. 또한 국가에서 법령으로 규정한 사항을 우선적으로 고려해 채용 계획에 반영해야 한다. 국가에서는 취업 취약층을 배려하고, 공정하며 객관적인 채용이 될 수 있도록 의무사항을 법령으로 정하고 있다. 예를 들어 합리적 이유 없이 성별, 신앙, 연령, 신체조건, 사회적 신분, 출신 지역, 학력 등을 사유로 응시자를 차별하는 것을 금지하고 있고, 이를 위반 시 처벌할 수 있도록 하고 있다.

〈사용자 채용의 자유를 제한하는 관련 법령 사례〉

관련 법령	주요 내용
고용정책기본법	·취업 기회의 균등한 보장(합리적인 이유 없이 성별, 신앙, 연령, 신체조건, 사회적 신분, 출신 지역, 학력, 출신 기관, 혼인·임신 또는 병력 등을 이유로 차별 금지)
근로기준법	·15세 미만 자(「초중등교육법」에 따른 중학교에 재학 중인 18세 미만자 포함) 채용 금지 ·여성 및 연소자의 유해 위험 사업에 채용 금지
직업안정법	·균등 처우(성별, 연령, 종교, 신체적 조건, 사회적 신분 또는 혼인 여부 등)

관련 법령	주요 내용
남녀고용평등과 일 가정 양립 지원에 관한 법률	·남녀차별 금지 ·근로자 채용 시 직무 수행에 불필요한 용모·키·체중 등의 신체조건, 미혼 조건 등 요구 금지
고용상 연령 차별 금지 및 고령자고용촉진에 관한 법률	·합리적인 이유 없이 연령으로 인한 차별 금지 ·고령자 고용 노력(기업 규모에 따라 업태별 기준 고용률 적용) ·고령자와 준고령자 우선 채용(국가 및 공공기관) ·정년 60세 이상 기준 적용
장애인고용촉진 및 직업재활법	·직장 내 장애인 차별 대우 금지 ·장애인의 의무 고용
국가유공자 등 예우 및 지원에 관한 법률	·취업지원 대상자에 대한 처우 차별 금지 ·업체별 취업지원 대상자 우선 고용 의무

※자료: 각 법령을 재구성함

채용 계획에는 추진 배경, 모집 방법, 선발 규모(직무별 채용 인원 및 직급) 및 방법, 고용 형태, 근로조건 등이 누구나 보면 알 수 있도록 세부적이고 구체적으로 작성되어야 한다. 채용 과정에서 필요한 직무기술서, 응시원서, 자기소개서 등의 자료도 포함해야 한다. 채용 계획은 계획을 확정하기 전에 반드시 제3자의 입장에서 계획의 이상 유무, 적절성 등을 확인하고 협의할 수 있는 단계를 거쳐야 한다. 계획을 시행하기 위한 내부 절차를 말하는 것으로 공공기관에서는 인사위원회에서 그 기능을 수행한다. 또, 직무 관련 자격증이나 학력, 경력 등을 응시요건에 명시한 제한경쟁채용을 추진하는 경우에는 주무기관과 사전에 공문을 통해 협의하는 절차도 반드시 필요하다.[7]

---

7 공공기관 공정채용 가이드북(인사혁신처)

❝ 채용 계획을 수립할 때 직무 중심 채용 체계가 확립되면서 직무기술서 작성이 중요하게 됐다. 직무 중심 채용 이전에는 직무 설명에 대한 자료가 없거나 간단한 업무 소개 정도였으나, 채용 체계가 직무 중심으로 변경되면서 직무기술서는 채용 공고 시 반드시 포함되어야 하는 필수 사항이 됐다. 직무기술서는 채용하고자 하는 직무에 대한 상세 설명서로 일반적으로 직무 수행에 필요한 지식, 태도, 기술을 설명한 자료이다. 직무기술서는 인사쟁이가 자체적으로 개발하기는 어려움이 있고 직무분석이나 조직 진단 컨설팅 시 결과물로 얻는 방법이 가장 효과적이다. 불가피한 경우에는 인사쟁이가 채용 직무에 한해 자체 직무기술서를 개발해 사용하기도 한다. 인사·총무·기획·재무 등 관리 분야 직무기술서는 개발된 자료가 많기 때문에 타 기관의 자료를 참고해서 기관에 적합하게 변경해 사용할 수도 있다. 국가직무능력표준(www.ncs.go.kr) 홈페이지에서 블라인드 채용 및 직무단위별 기술서 샘플 등을 활용하면 기관에 적합한 직무설명서를 만드는 데 도움이 될 것이다. **❞**

<NCS 기반 인사노무총무 직무기술서 사례>

채용분야	인사 노무 총무	분 류 체 계	대분류	02. 경영·회계·사무		
			중분류	02. 총무·인사		
			소분류	02. 인사·조직		01. 총무
			세분류	01. 인사	02. 노무관리	01. 총무
주요사업				"해당 기관" 소개 및 사업 내용 작성		
능력단위				(인사) 01. 인사기획, 03. 인력채용, 04. 인력이동관리 (노무) 01. 노사관계계획, 04. 단체교섭, 07. 노사협의회 운영 (총무) 03. 부동산관리, 04. 비품관리, 07. 업무		
직무수행 내용				(인사) 조직의 목표달성을 위해 인적자원을 효율적으로 활용하고 육성하기 위하여 직무조사 및 직무분석을 통해 채용, 육성, 평가, 보상, 승진, 퇴직 등의 제반 사항을 담당하며, 조직의 인사제도를 개선 및 운영하는 업무 (노무) 사용자와 노동조합(근로자) 간의 협력적 노사관계 구축을 위한 경영활동으로 노사관계 계획, 단체교섭, 노동쟁의 대응, 노사협의회 운영, 근로자 고충처리, 노사관계 개선 등 수행 (총무) 기관의 경영목표를 달성하기 위하여 자산의 효율적 관리, 임직원에 대한 원활한 업무지원 및 기관의 제반 업무 수행		
전형방법				서류 심사 ⋯ 필기시험 ⋯ 인성검사 ⋯ 면접 심사(1차/2차) ⋯ 신체검사 및 신원 조회 ⋯ 최종 임용		
직무수행 지식				(인사) 전략적 인적자원관리, 인사전략 환경분석, 관리회계, 직무분석, 포괄적 사고, 거시적 시각, 인사규정, 근로기준법, 채용기법, 노동관계법, 조직의 이해, 인력운영계획수립, 인건비 분석 (노무) 노동관계법, 조직심리, 조직개발론, 조직행동론 (총무) 부동산 관련 법령, 등기 업무 처리 절차, 구매계약실무, 자산관리 규정, 업체 정보 분석방법, 비품관리규정, 인장관리규정		
직무수행 기술				(인사) 환경분석, 인력운영의 효율성 분석, 커뮤니케이션 기술, 통계처리능력, 직무분석 및 조직인력운영 기술 (노무) 의사소통기술, 분석 및 종합능력, 협상기술, 의사소통기술, 법률적 해석기술, 회의운영기술, 설득력 (총무) 협상기술, 법률해석능력, 조사능력, 대인관계기술, 시장조사 분석기술, 정보수집능력, 정보처리능력, 문제해결능력		

직무수행 태도	(인사) 전략적 사고, 포괄적 시각, 거시적 시각, 분석적 태도, 객관적 태도, 조정능력, 개방적 의사소통, 전략적 사고, 공정하고 객관적인 자세, 개방적 의사소통, 기획력, 설득력 (노무) 전략적 사고, 적극적 경청, 협업에 대한 자세, 주의 깊은 관찰, 조직 구성원의 다양한 의견 수용 자세, 조정과 타협에 대한 태도, 유연한 사고, 긍정적 사고, 준법성 (총무) 분석적 자세, 주인의식, 투명성, 임차관리 전문성, 윤리의식 준수, 공평한 원칙 준수, 부서 간 형평성 준수
직업기초 능력	자원관리능력, 의사소통능력, 문제해결능력, 조직이해능력, 정보능력
참고 사이트	www.ncs.go.kr 홈페이지 ···▸ NCS 학습모듈 검색

　공공기관에서 이루어지는 모든 행정은 최종 의사결정권자의 결재를 득한 후 시행한다. 채용도 이와 동일하지만 일반적인 계획과 다르게 중간에 인사위원회란 합의제 기구를 거쳐야 한다. 인사위원회는 공공기관에는 의무적으로 설치·운영하는 심의·의결 기구로 해당 기관의 인사와 보수, 복무 등과 관련된 주요 사항을 심의·의결하기 위한 독립된 기구이다. 위원장은 기관장이 아닌 임원급에서 당연직으로 맡으며 위원은 직원 직급에서 최상위 보직자 위주로 기관장이 임명하는 것이 통상이다. 기관의 규모에 따라 인사위원회를 복수로 운영할 수도 있다. 만약 인사위원회를 거치지 않고 기관장의 승인하에 채용 계획을 확정하여 시행하게 되면 차후 상급 기관의 감사나 국회의 국정감사 등에서 절차상 하자로 인해 문제가 발생할 수도 있다.

〈공공기관 인사위원회 소개〉

▣ (정의) 인사 관련 사항을 다루기 위해 설치하는 합의제 기구로 기관장 및 외부의 영향을 배제하고, 인사의 공정성과 신중성을 기하기 위하여 독립된 지위를 갖는 합의제 기구임

▣ (구성) 7명 이내로 구성하고 위원장은 상임임원, 위원은 2급 이상 보직자로 기관장이 임명(안건에 따라서 외부 위원 임명)
ㅇ 직원 징계를 위한 인사위원회(일명 징계위원회)는 외부 위원을 전체 인원의 과반 이상으로 하는 등 구성
ㅇ 기관의 규모에 따라서 인사위원회를 2개 이상으로 구분해서 구성할 수 있음

▣ (역할 및 기능) 인사위원회에서는 다음과 같은 사항에 대해서 심의·의결함
ㅇ 인사 운용의 기본 방침에 관한 사항
ㅇ 직원의 채용, 승진, 강임, 직위 해제 및 해고에 관한 사항
ㅇ 직원의 포상 및 징계에 관한 사항
ㅇ 인사·보수 관련 규정의 제·개정에 관한 사항
ㅇ 기타 기관장이 필요하다고 인정하는 사항

▣ (행정 서류) 인사위원회에 필요한 서류는 회의 진행을 위한 안건 자료가 있어야 하고 회의 종료 후 회의 결과를 정리한 의결서(참석위원 서명)와 회의록을 갖춰야 함(필수 서류)

■ (인사위원회 관련 서류 양식)

1) 인사위원회 회의 자료 양식

안 건 번 호	제○○○○호	심의 안건
심의 년월일	20○○년 ○월 ○○일 (20○○년 제○차(○○회) 인사위원회)	

안건명	'○○년 신규 직원 채용 계획(안)

안건 표지 양식

제 안 자	인사부장
제출년월일	20○○년 ○월 ○○일

1. 의결 주문

○ "20○○년 신규 직원 채용 계획(안)"을 붙임과 같이 의결한다.

2. 제안 이유

○ 「인사규정」에 따라, 결원 인력에 대한 채용 계획을 수립하여 추진하고자 함

3. 주요 내용

■ 채용 규모 : 총 ○○명

○ 행정직군 : ○명

○ 기술직군 : ○명

《직군별 정원/현원 및 채용 계획 인원 현황》

(단위 : 명)

구분	합계	임원	행정직군					기술직군			
			소계	1급	2급	3급	4~5급	1급	2급	3급	4~5급
정원											
현원											
결원											
채용 인원											

◾ **채용 절차**

○ (채용 전문 업체 위탁) 채용의 공정성과 객관성 확보를 위해 채용 절차 일체를 외부 전문 기관에 위탁

○ (채용 전형) 채용 전형은 5단계에 걸쳐 추진

① (서류 심사) 「인사규정」에 따른 심사(자체 심사 기준 적용)

② (필기시험) 직업기초능력 및 직무수행능력평가 각각 실시

③ (인·적성 검사) 면접 심사 대상자에 한해 실시(면접 참고자료)

④ (면접 심사) 면접 위원 3명으로 구성하고 면접자는 1명으로 진행

＊ 공정성 확보를 위해 블라인드 면접, 상피제 적용

⑤ (신원 조사 등) 신원 조사 및 결격 사유 조회, 신체검사 등 결과 확인 후 최종 합격자 결정

◾ **위탁업체 및 소요 예산**

○ (위탁업체) 미정

＊ 입찰을 통해서 결정 예정(협상에 의한 계약)

○ (소요 예산) 00,000,000원 이내(부가세 포함 모든 금액)

＊ 예산 과목 : 기관 운영 내 일반용역비(122-○○○○-○○○-○○)

■ 향후 일정

o ('oo.oo.oo.) 채용 계획 확정

o ('oo.oo.oo.~oo.oo.) 입찰 공고 및 업체 선정

o ('oo.oo.oo.~oo.oo.) 채용 공고 및 원서접수

o ('oo.oo.oo.~oo.oo.) 서류 심사   * 결과 발표 : oo.oo.(금)

o ('oo.oo.oo.) 필기시험   * 결과 발표 : oo.oo.(금)

◎ ('oo.oo.oo.~oo.oo.) 인성 검사(온라인)

◎ ('oo.oo.oo.~oo.oo.) 면접 심사   * 결과 발표 : oo.oo.(금)

◎ ('oo.oo.oo.~oo.oo.) 임용 서류 접수   * 최종 합격 발표 : oo.oo.(금)

   * 신원 조사 및 결격 사유 조회, 신체검사서 접수

◎ (oo.oo.) 임용 예정 (신규 임용자 교육은 oo.oo.~oo.oo. 실시)

   ☞ 채용 일정은 변경될 수 있음

4. 관련 근거

o 「정관」 제oo조 및 제oo조

o 「인사규정」 제oo조제oo호

5. 참고사항

o 인사위원회 심의·의결하고 기관장 결재 후 시행

붙임 20oo년 신규 직원 채용 계획(안) 1부. 끝.

_____ 인사위원회 안건 자료에는 핵심적인 주요 내용(채용 규모, 전형 절차, 일정, 위탁 업체 및 소요 예산 등) 위주로 작성하고 세부적인 계획은 붙임으로 한다. 세부적인 채용 계획은 인사위원회 개최 전에 위원들에게 사전 보고하고 위원회에서는 위원들간 토론을 통해 최종적으로 계획을 심의·의결할 수 있도록 준비 및 진행해야 한다.

2) 의결서 및 회의록 양식

보고	기관장

20○○년 제○차(○○회) 인사위원회 의결서

▣ **심의 안건**

○ 제○○○호 20○○년 신규 직원 채용 계획(안)

▣ **의결 주문**

○ (심의 안건 제○○○호 심의결과) 원안대로 심의·의결

○ (부대 의견)

   – 채용 모집 기간을 공고일과 접수일을 구분하여 추진

「인사규정」 제○조에 따라 위와 같이 의결함

20○○. ○○. ○○.

붙임 회의록 1부. 끝.

위원장	:	기획본부장	김 ○○	(서 명)
위 원	:	○○○○ 실장	홍 ○○	불 참
위 원	:	○○○○ 실장	이 ○○	(서 명)
위 원	:	○○○○ 실장	박 ○○	(서 명)
간 사	:	인사부장	장 ○○	(서 명)

인사위원회 의결은 보통 세 가지로 결정되는데 안건 자료에 있는 내용 대로 계획이 추진 될 경우에는 '원안대로' 심의·의결하고 일부 내용을 수정하여 진행할 경우 '수정하여' 심의·의결하고 수정 사항을 계획에 반영하여 추진한다. 마지막으로 안건에 대해서 '보류'할 수 있는데 계획에 중대한 하자가 발생할 경우 이를 중단 시키고 다시 안건을 검토 후 상정하도록 하고 있다.

20○○년 제○차(○○회) 인사위원회 회의록

1. 회의 개요

○ 일시/장소 : 20○○년 ○월 ○○일(화) 16:00~17:00 기획본부장실

2. 출석 현황 : 6명

○ 위원장 : 기획본부장
○ 위 원 : ○○○○ 실장, ○○○○ 실장, ○○○○ 실장
  * ○○○○ 실장 출장으로 인해 불참
○ 간 사 : 인사부장

3. 상정 안건

구 분	번 호	안 건 명
심의·의결 안건	제○○○호	20○○년 신규 직원 채용 계획(안)

4. 상정 안건 심의 결과(요지)

○ 인사위원회 성원 보고(인사부장)
  － 재적위원 전원이 참석하여 성원되었음을 보고
○ 20○○년 제○차(○○회) 인사위원회 개회 선언(기획본부장)

[제○○○호] 20○○년 신규 직원 채용 계획(안)

가. 주요내용

○ 「인사규정」에 따라, 결원 인력에 대한 채용 계획을 수립하여 추진하고자 함

나. 참석자 발언 요지

"참석자 발언은 핵심적인 사항 위주로 작성(녹취록이 아님)"

○ (기획본부장)

○ (○○○○ 실장)

○ (○○○○ 실장)

○ (○○○○ 실장)

○ (기획본부장)

○ (인사부장)

　　☞ 참석 위원 전원 동의함

다. 심의 결론 : 수정하여 심의·의결

○ **채용 모집 기간을 공고일과 접수일을 구분하여 추진**

_____ 의결서와 회의록에 각각 서명을 받는 경우도 있는데 이럴 경우 동일한 사안에 대해서 중복 서명을 받는 것이기 때문에 의결서에만 서명을 받고 회의록은 의결서의 붙임 문서로 작성하면 업무를 추진하는데 효율적이다.

　채용 계획을 수립하고 인사위원회 심의·의결 후 기관장의 승인을 득해 채용을 진행하다. 불가피하게 채용 계획을 수정해야 할 상황이 발생할 수 있다. 이때도 반드시 인사위원회를 거쳐서 계획을 수정해야 한다. 아무리 급박한 상황이 발생했다고 해도 행정 절차를 무시할 경우에는 그 책임은 전적으로 인사쟁이가 질 수밖에 없다. 그렇기 때문에 규정에 따른 절차는 반드시 준수해야 한다. 실무 업무를 하다 보면 채용 공고 이후 내부적인 사정으로 채용 기준이나 방법, 채용 규모 등을 변경하는 경우가 발생할 수 있는데 이럴 경우에는 더욱더 철저하게 절차를 준수해야 한다.(① 변경 계획 수립 ② 인사위원회 심의·의결 ③ 기관장의 결재 ④ 변경 계획 재공고) 모집 공고상 변경 사항은 없으나 내부 기준이 변경될 때에도 동일한 변경 절차를 준수해 업무를 추진해야 한다. 채용 계획에 문제가 발생하면 채용 전체 과정이 잘못되기 때문에 그 피해는 응모자 전체가 될 수 있어 채용 계획 수립 시부터 정확하게 계획을 수립하고 절차적 정당성을 확보하도록 노력해야 한다.

채용 계획 수립 시 인사쟁이가 신경을 써야 할 부분은 절차의 정당성을 확보하는 것과 계획 변경 시 그 사유를 정확하게 기록하는 것이다. 채용이 잘못 진행되어 피해가 발생하면 인사쟁이 개인의 신상뿐만 아니라 기관 차원으로 책임 문제가 확대될 수 있다. 인사쟁이는 채용만큼은 반드시 내부 절차를 철저히 준수해야 책임에서 자유로울 수 있다.

03 채용 절차

내부 절차에 따라 채용 계획이 확정되면 본격적으로 채용 절차를 진행한다. 모집과 선발 과정을 시작하는데 모집은 응모자를 많이 모으기 위해 채용을 홍보하는 과정이고, 선발은 응모한 응모자들 중에서 기관에 적합한 인재를 뽑는 과정이다.

공공기관의 모집과 선발에 대한 가이드라인은 정부의 '공기업·준정부기관의 경영에 관한 지침'과 '공공기관 공정채용 가이드북'을 기준으로 기관별 상황과 특성을 고려하여 추진하면 된다. 모집은 대략적으로 많은 응모자가 여유를 가지고 준비할 수 있도록 최소 15일 이상 공고 기간을 두고, 접수 기간은 공고 기간과 같이 주어질 수도 있으나 일반적으로 공고 기간과 접수 기간을 구분해서 적용하고 있다. 접수 기간은 공고 기간 중 10일 이내의 기간으로 한다. 모집 공고는 온라인 공고를 많이 하는데 해당 기관 홈페이지에 채용 공고를 기본적으로 실시하고, 의무적으로 기획재정부에서 운영하는 공공기관 경영정보공개시스템인 '공공기관 알리오'(또는 '잡알리오')와 인사혁신처에서 운영하는 '나라일터' 등 사이트에 채용공고를 등록한다. 그 외에 채용의 규모, 특수 직무 등에 따라 유료 채용 공고 사이트 등을 활용하기도 한다. 물론 포털사이트의 취업 카페나 블로그를 이용할 수 있다.

오프라인 모집 활동은 신문 광고를 활용하는 방법과 각 대학 취업지원센터에 공문 발송을 통해 대학별로 홍보하는 방법이 일반적이다. 신문 광고는 비용이 발생하고 다수의 취업 대상자가 접근하기에는 제한이 될 수 있어 많이 사용하는 방법은 아니다. 다만 각 기관별로 채용 관련 규정에 신문을 활용해 채용 공고를 하도록 규정한 기관은 신문 지면 광고를 활용해서 채용 공고를 해야 한다. 각 대학은 학생들의 취업률이 대학의 중요한 성과 지표이기 때문에 학생들의 취업을 지원하는 취업지원센터를 설립해 운용하고 있다. 신입 직원을 채용할 때에는 각 대학의 취업지원센터에 공문을 발송해 대학 자체 내에서 모집 홍보를 할 수 있도록 협조를 구하면 좋은 효과를 얻을 수 있다.

모집 공고를 할 때 인사쟁이는 응모자에게 최대한의 정보를 제공해야 할 의무가 있다. 모집 공고는 응모자와 기관이 서로를 알 수 있는 첫 단계이기 때문이다. 누구나 첫인상이 중요한 것과 같이 모집 공고 내용이 응모자에게는 기관을 알 수 있는 첫 번째 관계 형성이다. 공고 내용이 응모자 입장에서 불편하면 기관의 이미지가 나빠질 수 있어 응모자가 이해하기 쉽게 최대한의 정보를 제공해야 한다. 모집 공고는 기본적으로 채용 규모와 자격 조건(결격사유 포함)을 설명하고, 채용하고자 하는 직무에 대한 직무기술서(직무설명서)를 붙임 자료로 표시해야 한다. 그 다음에 채용 단계별 합격 인원수와 채점 기준을 명확하게 표시해야 오해의 소지가 없다. 가점이 있을 경우에는 어떤 가점이 얼마의 점수를 추가적으로 얻을 수 있는지 공개해야 하며, 적용 방법도 명시적으로 설명해야 한다.

직급별 보수와 복리후생 제도 등을 설명하는 것도 최근 추세이다. 최종 합격 후 생각했던 것과 보수나 복리후생 등이 다를 경우 1년 이내에 이직하는 경우가 많이 있기 때문에 응모자가 기관에 대해 사전 인지를 할 수 있도록 대략적인 보수 산출 방법이나 보수의 범위 등을 표시해 두는 것이 좋다. 마지막으로 유의사항에 채용 서류 관련 반환 절차를 적용 기간과 담당자 연락처, 반환 방법을 공고문에 설명해야 한다. 그렇지 않을 경우 「채용절차의 공정화에 관한 법률」에 따라 기관이 불이익을 받을 수 있다.

채용 공고 기간이 종료되고 접수가 완료되면 본격적인 선발 과정을 진행한다. 선발 과정은 공정성과 객관성이 중요하다. 각 전형 단계별로 합격자와 탈락자가 결정되기 때문에 채용 계획에 수립한 각 단계별 합격 기준을 공정하게 적용해야 한다. 선발 과정은 서류 심사, 필기시험(또는 실기시험), 인적성검사, 면접 심사, 신체검사 및 신원 조사 등의 과정을 통해 최종 합격 인원을 선발하는데, 기관의 상황에 따라 전형 단계를 축소 또는 확대할 수 있지만 통상적으로 4단계 전형(서류-필기-면접-신체검사 등)을 통해 최종 합격자를 결정한다.

> **66** 공공기관의 선발 과정은 우수한 인재를 선발하기 위한 과정이라고 말하기보다는 수많은 응모자를 가장 효과적이고 공정하게 떨어트리기 위한 과정이라고 생각하면 된다. 보통 경쟁률이 100대 1이 넘는 경우가 비일비재하기 때문에 응모자의 우열을 가려서 기관에 적합한 인재를 선발한다는 것은 시간적·비용적으로 어렵다. 그래서 지원자를 가장 효과적으로 떨어트리기 위한 방법으로 서류와 필기는 정성평가보다는 수치로 점수화 할 수 있는 시험의 방법으로 당락을 결정한다. 다만, 면접 심사에서는 응모자가 기본적인 채용 조건과 능력, 자격 등을 갖추고 있다고 보고 기관과 함께 오랜 기간 근무할 식구를 찾는 과정이므로 정성평가 위주로 평가를 한다. **99**

선발 과정에서 공공기관 인사쟁이가 고려해야 할 것은

첫째, 선발 과정은 간결하게 진행해야 한다. ✍

접수된 응시 원서는 서류 심사와 필기시험(또는 실기시험), 면접 심사의 단계를 거쳐 전형별 합격자를 결정하고, 최종적으로 결격 사유 조회 및 채용 신체검사를 통해 최종 합격자를 결정한다. 각 전형 단계별로 일정 수의 합격 배수를 결정해 합격자에 한해 다음 단계를 진행하는데 합격과 탈락을 결정할 때 적용 기준을 어떻게 정하느냐가 당락을 결정한다.

당락을 결정하는 점수의 산출 기준은 제3자가 보더라도 이해하기 쉽고 간결하게 만들어야 오해의 소지가 없고 차후 감사에도 문제가 발생하지 않는다. 가장 간결하면서 효율적인 방법은 각 전형별 점수가 다음 단계에 영향을 미치지 않게 하는 방법이다. 서류 심사에서 획득한 점수는 필기시험 대상자 선정에만 활용하고, 필기시험 점수는 면접 심사 대상자를 확정하는 데만 활용하는 것이 가장 간결하다. 필기시험 점수와 면접 심사 점수를 일정 비율로 합산해서 최종 합격자를 결정하는 기관도 있는데 이럴 경우 합산 비율과 가점 처리 방법 등이 복잡하게 될 수 있어 지양하는 것이 좋다.

다만 기관의 전통과 기관장의 인사 방침에 따라 차이는 있을 수 있는데, 필기시험과 면접 심사의 결괏값을 합산해 최종 합격자를 결정할 경우 그 비율과 반영 가중치, 가점 부여 방법 등에 대해서 정확하게 채용 계획에 기준을 마련해야 하고 관련 규정에도 근거 조항이 반드시 있어야 한다. 또한 채용 공고에 이를 명시해야 한다.

둘째, 가점을 어떻게 적용할 것인지를 결정해야 한다. ✎

가점은 채용 과정에서 취업 취약층을 배려하기 위해 관련 법령에 근거해 적용하고 있고, 지역적 특성과 전문성 확보 차원에서 기관별로 내부 규정에 근거해 가점을 부여하고 있다. 소수점에 따라 당락이 결정되는 치열한 채용 단계에서 100점 만점 기준으로 최소 0.1점에서 최대 10점까지 가점이 주어지는 것은 기관이 어떠한 인재를 뽑겠다는 의지이기도 하고, 취업 취약층에 대한 국가 및 기관 차원의 배려이기도 하다. 하지만 적용 단계에서 어떻게 적용하느냐에 따라 당락이 결정되기 때문에 그 적용 기준을 채용 계획이나 관련 규정에 명시적으로 제시해야 하고, 채용 공고에도 응모자들이 이해할 수 있도록 공고해야 오해가 발생하지 않는다. 가령 필기시험 과락 기준이 있을 경우 심사위원이 부여한 점수를 기준으로 과락을 결정하고 과락 점수 이상을 획득한 응모자에 한해 가점을 부여할지, 아니면 심사위원이 부여한 점수에 가점을 적용하고 과락 기준을 적용할지를 사전에 규정과 채용 계획에 반영해야 한다. 다만, 「국가유공자 등 예우 및 지원에 관한 법률」과 같이 원점수가 만점의 40% 미만인 과목이 있는 경우 가점을 하지 않는 법적 기준은 반드시 고려해야 한다.[8]

> **❝** 합격 기준을 정하는 문제는 기관의 고유 권한이기 때문에 어떤 것이 옳고 그르냐의 문제는 아니다. 다만 적용 기준이 명확하게 자체 규정에 근거하고 채용 계획에 반영되어 있는지가 중요하다. 그렇지 않을 경우에는 절차상 하자가 발생하여 당락이 바뀔 수 있어 인사쟁이는 이 부분을 사전에 철저하게 점검하고 확인해야 한다. **❞**

셋째, 채용 대행업체 관리가 채용의 성패를 결정한다. ✎

최근 공공기관의 채용 비리 문제가 사회적 이슈가 되면서 공공기관 자체에서 채용을 진행하는 경우는 거의 없다. 대부분 외부의 전문 업체에 위탁해 채용을 진행한다. 혹시 있을 수 있는 내외부의 압력과 인사쟁이의 행정 실수 등을 사전에 방지하기 위해서다. 하지만 모든 행위에는

---

8 국가유공자 등 채용시험 가점제도 관련 가이드라인(2022.9.19.)

장단점이 존재하는 것과 같이 전문 업체에 위탁해 채용을 진행한다고 해서 모든 문제가 해결되는 것은 아니다. 업체의 전문 인력 확보 수준이나 채용 시스템 등에 따라 기관에서 원하는 인력을 채용하지 못하는 경우도 있고 채용 진행 과정에서 불가피한 실수가 발생할 수도 있다.

인사쟁이는 채용 대행업체가 선정되면 지속적으로 관심을 갖고 절차마다 철저히 확인해야 한다. 기준에 따라 채용 절차가 진행되고 있는지 확인하고 점검하며 응모자에게 적용된 점수가 타당한지를 지속적으로 확인해야 한다. 그래야 기관에서 원하는 채용의 성과를 달성할 수 있다. 평균적으로 1명을 채용하는데 적게는 200만 원에서 많게는 800만원까지 예산이 소요되기 때문에 많은 비용이 투입되는 만큼 기관에서 원하는 인재를 선발하기 위해 인사쟁이는 확인·점검을 꾸준히 해야 한다.

넷째, 선발 과정 중 계획 변경은 자제해야 한다. ✎

업무를 수행하다 보면 계획을 변경할 수도 있다. 하지만 그럴 경우 계획 변경에 따라 이득과 손해를 보는 사람 또는 집단이 발생할 수 있기 때문에 긴급하고 특수한 상황이 발생하기 전에는 계획을 변경하지 않는 것이 좋다. 특히 채용에서는 특정인에 대해 유리한 조건을 만들기 위해 계획을 변경했다는 오해가 발생할 수 있기 때문에 더욱 신중해야 한다. 다만 불가피한 상황이 발생해 채용 계획을 변경해야 할 경우에는 반드시 그 변경 사유를 구체적으로 기록해야 하고, 내부 절차에 따라 인사위원회 심의·의결과 기관장 결재를 받아야 한다. 그렇지 않고 임의로 채용 계획을 변경할 경우에는 인사쟁이는 물론 기관 전체 관련자에게 문제가 발생할 수 있다.

다섯째, 절차의 공정성을 확보해야 한다. ✍

채용의 공정성을 확보하기 위해 채용 과정 전반에 걸쳐 감사부서장이나 직원(또는 감사부서에서 지정하는 자)을 입회시켜야 한다. 채용 과정 전반이라 함은 채용 대행업체 계약, 필기시험 문제지 인쇄, 전형 진행 절차 등 채용에서 발생하는 일련의 상황들을 말한다. 또, 외부위원 선정시 기관과 이해관계가 있거나 공정한 심사를 기대하기 어려운 자 등은 제외해야 하고, 감사인 입회 하 무작위(랜덤)로 위원을 선정하는 것도 공정성을 확보하기 위해 고려해야 한다.

(1) 채용 대행업체 선정부터가 채용이다

공공기관은 채용 투명성과 공정성을 확보하기 위해 대부분의 공공기관에서 일부 또는 전부를 채용 전문 기관에 위탁해 실시한다. 채용 대행을 전문적으로 수행하고 있는 업체는 대규모 업체에서부터 직원이 10명 내외인 소규모 업체까지 공공기관 채용 대행 시장에 진입해 활동하고 있다. 기업의 규모와 상관없이 어떤 대행업체와 함께 채용을 진행하느냐에 따라 채용의 성패가 좌우된다고 해도 과언이 아니다.

채용 관련 용역 대금이 1억 이상인 경우 규모 있는 채용 대행업체에서 입찰이 들어올 수 있으나 1억 미만인 경우에는 「국가를 당사자로 하는 계약에 관한 법률」에 따라 소규모 업체, 비영리 목적의 단체나 기업밖에 입찰을 할 수 없다. 유찰될 경우에는 대규모 업체가 참여할 수 있지만 그렇게 할 경우에는 채용에 소요되는 기간이 너무 오래 걸린다는 단점이 있다.

업체를 선정할 때는 두 가지를 중점적으로 확인해야 한다. 하나는 채용 시스템이고 다른 하나는 실적이다. 업체의 규모와 관계없이 기관의 채용을 대행함에 있어 어떤 채용 시스템을 갖추고 있고, 용역 업체 자체 내부 확인·점검 체계는 잘 이뤄졌는지를 확인해야 한다. 용역 업체 선정 시 제안서 설명회를 하는데 이 부분은 반드시 확인해야 한다. 두 번째는 채용 용역 실적이다. 실적이 많다는 것은 그 많은 채용에 대한 자체 노하우가 있다는 의미이다. 채용은 한 번의 실수가 대형 사고로 연결될 수 있기 때문에 신중에 신중을 기해야 한다. 각 단계별로 확인하고 점검하는 시스템이 완벽해야 있을 수 있는 불상사를 사전에 예방할 수 있다. 채용 실적이 많다는 것은 내부 채용 시스템이 안정화 됐다는 것을 반증하기 때문에 업체를 선정할 때에는 실적을 중요하게 볼 필요가 있다. 또한 채용 대행을 의뢰한 기관의 입장도 확인하는 것이 좋다.

채용 대행업체가 선정되면 인사쟁이는 업체를 100% 신뢰하지 말아야 한다. 업체와 함께 채용을 한다고 생각하고 각 단계별로 확인하고 점검해야 한다. 인사쟁이보다 기관의 채용 기준과 방법을 잘 아는 업체 및 업체 관계자는 없다. 관리 감독을 소홀히 할 때는 심사 점수 기입 오류나 서류 미확인으로 인한 점수 미반영 등으로 합격자가 뒤바뀌는 오류가 발생할 수 있다.

다만 인사쟁이가 외부 채용 업체에 위탁할 때 주의해야 할 사항이 있다. 각 전형 단계별로 확인하고 관리 감독하는 과정에서 채용 대행업체가 부당한 외압으로 느낄 수 있다. 채용을 외부 전문 기관에 위탁해 진행하는 이유는 공정하고 객관적이며 외부의 압력 등을 방지하기 위해서다. 채용 대행업체는 중립적인 입장에서 채용 절차를 추진해야 한다. 업체가 그 누구에게 압력을 느낀다면 그게 의뢰 기관의 업무 담당자라 할지라도 해당 채용은 그 자체로 공정성을 상실하게 된다. 이런 문제를 사전에 예방하기 위해서 인사쟁이는 채용 절차가 진행되기 전에 업체와의 치밀한 기술 협상을 해야 한다. 인사쟁이의 역할과 관리 감독의 범위를 명확하게 규정하고, 채용 전반에 대한 계획과 각 단계별 심사 기준 등을 업체가 정확하게 이해할 수 있도록 설명해야 한다. 협의 결과는 반드시 문서로 작성해 각 주체가 서명하고 기관장에게 보고 후 각각 보관해야 한다.

채용 절차의 공정성을 확보하고 혹시 모르게 발생할 수 있는 실수를 최소화하기 위해 인사쟁이는 공개된 장소에서 업체의 결괏값을 검증할 수 있는 시스템을 마련해야 한다. 각 단계별로 합격자를 발표하기 전에 심사 기준과 합격자 현황(합격과 불합격 경계에 있는 지원자 중심), 부여 점수 등을 채용 대행업체 담당자가 인사위원회 위원과 감사 부서의 장에게 사전 보고하는 것이 좋다. 이는 혹시 모르게 발생할 수 있는 오류를 확인하고 점검하는 마지막 기회이다. 채용과 관련된 확인과 점검은 관련자가 모두 있는 곳에서 공개적으로 진행되어야 오해를 해소할 수 있고, 실수를 사전에 예방할 수 있다.

" 채용 대행업체를 선정할 때 가장 중요한 기준이 바로 채용 대행업체 담당자의 역량이다. 서류 심사 위원 섭외, 점수 정리, 행정 서류 관리 등 채용의 모든 과정에서 필요한 서류와 데이터 값 정리 등을 담당자가 직접 하기 때문에 담당자의 역량이 채용 과정의 성패를 결정한다고 봐도 무방하다. 제안서 평가를 할 때 업체 담당자의 역량에 대한 질문과 확인을 반드시 해야 하며 담당자가 직접 제안서 평가를 발표할 수 있게 하는 게 담당자의 역량을 확인할 수 있는 가장 효과적인 방법이다. "

채용의 모든 과정을 완료하고 결과 보고를 할 때 어떤 결과물을 받는지도 중요하다. 채용 과정에서 생성된 모든 문서는 임의로 폐기할 수 없는 중요 문서로 영구적으로 보존해야 한다. 그래서 채용 관련 문서를 편리하고 효과적으로 관리하기 위해서는 결과물을 가급적 하나의 책자 파일로 결과보고서, 각종 결괏값과 심사 위원 평가지, 보안 서약서, 종합 집계표 등을 받는 것이 좋다. 낱장으로 결과물을 받으면 분실의 우려가 높고 관리하기도 어렵다. 실무적으로 이 부분은 중요하기 때문에 과업 지시서에 결과 보고 시 제출해야 하는 서류의 목록을 구체적으로 명시하고 제출 방법도 기입해야 한다.

〈채용 대행업체로부터 받아야 하는 자료〉

구분	결과 산출물 내용
과업 전	· 대행업무 참여 직원 모두에 대한 보안 서약서
서류 심사	· 응모자별 심사표(위원 서명), 결과 집계표(위원 서명) · 서류 심사 엑셀 데이터 값 자료 · 심사 위원 보안 서약서 · 심사 위원 교육 결과보고서(공정채용 등) · 서류 심사 결과 보고 공문(서류 심사 종료 후)

구분	결과 산출물 내용
필기 시험	· 응모자 필기시험 답안지 원본, 위원별 시험 심사표(위원 서명) · OMR 카드 원본, 결과 집계표값(심사 위원 서명) · 필기시험 엑셀 데이터 값 자료 · 인적성 검사 결과지 · 심사 위원 및 감독관 보안 서약서 · 인쇄 위탁 시 참여 관련자에 대한 보안 서약서 · 필기시험 결과 보고 공문(필기시험 종료 후)
면접 심사	· 응모자별 심사표(위원 서명), 결과 집계표(위원 서명) · 면접 심사 엑셀 데이터 값 자료 · 응모자 증빙 서류 및 제출 확인서(응모자 서명) · 심사 위원 보안 서약서 · 심사 위원 교육 결과보고서(공정채용, 성희롱 예방 등) · 면접 비용 지급 내역서(응모자 서명) · 면접 심사 결과 보고 공문(면접심사 종료 후)
최종	· 최종 결과 보고서 · 합격자 이력서 및 제출 서류 일체 · 과업 종료 후 채용관련 서류 등의 파쇄증명서

(2) 서류 심사부터 당락이 결정된다

서류 심사는 선발 과정에서 처음으로 탈락하는 응모자가 발생하는 단계이다. 필기시험 단계로 올라가기 위해서는 모집 인원의 50배수를 통상적으로 서류 심사에서 합격시키는데, 블라인드 채용을 진행하는 공공기관에서는 서류 심사를 위해 경력과 경험, 교육, 자격증 등을 점수화해서 심사한다. 평가 항목별로 일정한 등급으로 구분하고 점수를 부여하는데 예를 들어 경력 항목의 경우 해당 직무와 연관된 경력에 따라 5점에서 0점까지 점수 적용 기준을 마련한다. 경험이나 교육, 자격증 등도 이와 같은 기준을 적용해 점수화한다.

❝ 경력과 경험을 구분하는 기준은 근로의 대가로 보수를 받았는지 여부이다. 보수(금전)를 받는다는 것은 사용자에게 근로를 제공한 행위임으로 경력이고, 보수(금전)을 받지 않았다는 것은 근로를 제공하지 않고 개인의 취미나 자기개발 등을 위한 행위로 판단해 경험이라 한다. 따라서, 인사쟁이는 경력과 경험을 작성하는 란을 다르게 구분 지어 이력서를 설계해야 하고, 응시자에게 경력과 경험의 차이를 명확하게 제시해야 한다. 경력은 재직증명서 또는 경력증명서와 동시에 4대보험 자격득실 확인서 상의 증빙이 가능한 사항만 입력하도록 해야 하고, 경험은 활동증명서 등 증빙이 가능한 사항만 입력하도록 해야 한다. 그렇지 않으면, 막상 서류 검증 절차에서 합격자에 대해 인정한 경력 또는 경험점수가 달라져 합격순위를 조정해야 하는 상황이 발생할 수 있다. 민원 방지 차원에서도 해당 사안을 명확히 안내하는 것이 좋다. 한편, 실무 경험 상 경험사항을 정량점수로 평가하는 경우 증빙자료 인정 여부에 대한 논란이 많다. 따라서, 경험사항을 정량점수로 평가하려면 당초부터 어떤 증명서를 증빙자료로 인정할 것인지에 대한 충분한 기준을 수립해야 하고, 그럼에도 논란의 여지가 있는 경우에는 인사쟁이의 임의 판단으로 인정 여부를 결정할 것이 아니라, 정량 평가위원이나 인사위원회를 통해 결정해야 한다. ❞

서류 심사에서 많은 점수 비중을 차지하는 것은 자기소개서와 직무수행계획서이다. 경력과 경험, 교육 등은 개인의 점수가 계량적으로 수치화되어 정확하게 도출할 수 있으나, 자기소개서와 직무수행계획서는 질문에서 요구하는 핵심 키워드에 따라 점수가 다를 수 있고 내용의 진실성과 직무의 이해도 등을 평가할 수도 있다. 인사쟁이는 자기소개와 직무수행 계획서의 질문이 타당한지 평가 기준이 적절한지를 사전에 확인하고, 업체에서 심사 기준을 정확하게 이해하고 적용하는지 점검해야 한다.

> **❝** 계량적인 수치로 평가할 수 있는 경력이나 경험 등은 사실관계만을 확인하면 되기 때문에 1명의 심사 위원이 확인하고 평가할 수 있으나, 자기소개서나 직무수행계획서는 심사하는 위원의 관점에 따라 평가 결과가 다르게 나타날 수 있기 때문에 3명 이상의 위원이 평가한 결과를 평균해서 최종 결괏값을 도출해야 공정성을 확보할 수 있다. 3명 이상의 다수 위원이 평가해 결괏값을 도출하는 것이 가장 좋은 방법이나 시간이나 소요 비용의 문제로 적정 심사 위원 수를 유지하는 것이 좋다. **❞**

서류 심사에 있어서 항목별 평가 비중은 기관이 추구하는 가치에 따라 다를 수 있으나, 객관적인 평가를 위해 계량화할 수 있는 점수 비중이 높아지고 있다. 정량평가인 자기소개서 및 직무수행계획서는 대행해서 작성해주는 업체도 많이 있고 거짓으로 작성 시 판별할 수 있는 방법이 없기 때문에 객관적으로 증명할 수 있는 평가 비중을 높이는 것이 좋다.

서류 심사를 채용 대행업체에 위탁하지 않고 기관 자체에서 업무를 직접 수행할 때 최우선으로 고려해야 할 사항은 서류 심사 위원 구성이다. 외부 위원은 위원의 과반수 이상으로 구성해야 하고 위원장은 외부 위원으로 선임해야 채용의 공정성을 확보할 수 있다. 외부 위원은 가급적 인사 업무를 담당하는 전문가 위주로 편성해야 한다. 서류 심사 위원 섭외에서부터 결과보고, 서류 심사 평가표 및 집계표, 위원 보안 서약서 등 관련 서류는 누락 없이 보관하고 서류 심사가 완료되면 기관장의 결재를 받아야 한다.

> **❝** 정부에서 제시한 블라인드 채용을 위한 표준 이력서에는 사진이나 주민등록번호, 생년월일 등 직무와 관련 없는 내용은 사라졌으며 학교명이나 전공 등 평가하는 위원이 편견을 가질 수 있는 요소들도 제외됐다. 직무와 관련된 교육 사항과 자격 사항, 경험과 경력 사항 중심으로 작성되도록 표준 이력서 양식이 만들어졌다. 인사쟁이는 정부에서 제시한 표준 이력서를 기준으로 기관의 특성과 여건 등을 고려해 이력서를 개발해 적용할 수 있다. 연구 기관의 경우에는 논문, 저서, 특허 등을 심사하기 위한 실적을 게재할 수 있도록 양식을 개발해 적용해야 한다. **❞**

〈공공기관 이력서 양식 – 블라인드 채용 관련〉

1. 인적사항

지원구분	신입( ) 경력( )		지원직무		응시번호	
성명						
주소 (거주지)						
연락처	(본인휴대폰)		전자우편 (이메일)	학교를 알 수 있는 이메일 주소 사용 금지		
	비상연락처					
취업보호 등 해당 여부	☐ 장애대상 ☐ 보훈대상 ☐ 지역인재(해당 시 최종학교 소재지:)					

2. 교육사항

* 지원직무 관련 교육 및 교육과정을 이수한 경우에 한해 그 내용을 기입하시기 바랍니다.

교육구분	과목명 및 교육과정	교육시간
☐ 학교교육 ☐ 직업훈련 ☐ 기타		
직무관련 주요내용		

* 직무 관련 교육사항이 많이 있을 경우에는 추가 작성 가능

3. 자격 사항

* 지원 직무와 관련된 국가(기술/전문)자격증 및 민간자격증을 기입하시기 바랍니다.

자격증명	발급기관	취득일자

4. 경력과 경험

* 지원 직무 관련 경력과 경험에 한해 그 내용을 기입하시기 바랍니다.

* '경력'은 금전적 보수를 받고 근로를 제공한 경우이며, 재직증명서 또는 경력증명서와 동시에 4대보험 자격득실 확인서 상으로 증빙이 가능해야 합니다.

* '경험' 사항은 동아리, 동호회, 연구회, 재능기부 등 직무와 관련한 활동을 말하며 이 경우에도 증빙서류를 제출 가능한 사항만 입력해야 합니다.

* 향후 서류 검증 시 경력과 경험에 대한 증빙이 불가한 경우 최종 불합격 처리 등 불이익이 있을 수 있음

구분	소속/직책	역할/내용	기간
☐ 경력 ☐ 경험			
☐ 경력 ☐ 경험			
☐ 경력 ☐ 경험			
직무 관련 주요 내용			

위 사항은 사실과 다름이 없음을 확인합니다.

지원날짜 :

지원자 :   (인)

⑶ 필기시험은 면접 심사 대상자를 선정하기 위한 단계이다

공공기관에서 필기시험은 면접 심사로 가기 위한 중간 단계이다. 필기시험은 직업기초능력평가와 직무수행능력평가, 논술 및 보고서 작성, 인적성검사 등으로 실시한다. 직업기초능력평가와 직무수행능력평가는 직무 중심으로 채용 체계가 전환되면서 도입된 평가 방법으로 기존에 있었던 상식 시험과 전공 시험을 채용하고자 하는 직무와 연계해 수능 형식으로 문제를 만든 것이다.

① 직업기초능력평가와 직무수행능력평가

직업기초능력평가는 수학능력평가 형식으로 변경된 상식 시험으로 생각하면 된다. 응모자의 직업기초능력(10가지 능력)을 확인하는 평가로 공공기관에서 문제를 직접 개발해 평가를 보는 기관은 극히 드물다. 왜냐하면 문제를 출제할 수 있는 자체 인력풀이 많지 않고, 평가 문제의 전문성을 담보할 수 없기 때문이다. 대부분의 기관에서는 외부 전문 업체에 위탁해 문제를 개발하고 평가한다. 다만 공기업이나 1,000명 이상의 대규모 공공기관의 경우에는 출제 위원을 직접 선정해 기관에 적합한 문제를 개발하고 평가를 실시하는 기관도 있다.

직무수행능력평가는 예전의 전공 시험을 직무와 연계해서 문제를 개발한 것으로 상황에 따른 판단과 직무수행능력 등을 평가하는 시험이다. 직무기초능력시험과 마찬가지로 기관 차원에서 문제 도출은 어렵기 때문에 외부 전문 업체에 위탁해 문제를 출제하고 시험을 본다.

② 논술 및 보고서 작성

직업기초능력평가 및 직무수행능력평가가 직무와 관련된 지식과 능력을 평가하는 방법이라면, 논술이나 보고서 작성 평가는 실무에 바로 적용할 수 있는 실무 능력을 갖추고 있는지를 평가하는 방법이다. 논술 및 보고서 작성 평가는 일정한 주제와 지문을 응모자에게 제시하고, 그 주제와 지문에 적합한 내용을 논술하거나 보고서 형식으로 답안을 작성하게 한다. 공공기관은 업무를 구두 보고가 아닌 문서(보고서)로 진행하기 때문에 보고서 작성 능력은 개인의 능력을 평가하는 중요한 기준이 된다. 이를 필기시험 단계에서 평가하고자 하는 것이다.

③ 인적성검사

인적성검사는 개개인의 인성과 적성을 수치로 검사한 자료이다. 다만 인적성검사를 근거로 당락을 결정하는 것은 다소 무리가 있다. 개개인의 인성과 적성을 옳고 그름의 문제로 평가한다는 것 자체가 문제이기 때문이다. 응모자가 사회 통념상 일반적인 상식에 부합하지 않는 검사 결과가 나왔을 경우에는 면접 심사 시 응모자와 면접 위원 간의 질의응답을 통해서 응모자의 인성과 적성 등을 확인할 수 있도록 하면 된다. 인적성검사 결과로 당락을 결정하는 것은 가급적 지양해야 한다.

(4) 필기시험은 간결하고 공정한 방법을 선택해야 한다

공공기관에서는 필기시험을 보는 응모자가 많기 때문에 필기시험 방법을 결정할 때 우선적으로 간결하면서도 공정성 문제가 발생하지 않는 방법을 선택한다. 직업기초능력평가나 직무수행능력평가는 시험 후 바로 결괏값을 알 수 있는 평가로 1등부터 마지막 등수까지 결괏값을 바로 확인할 수 있는 장점이 있어 많은 기관에서 이 방법을 활용하고 있다. 다만 평가 문제를 출제할 수 있는 업체가 한정되어 있고, 사전에 개발된 평가 문제 중에서 선별해 사용할 수 있기 때문에 타 공공기관과 동일하거나 유사하게 문제가 출제될 확률도 높다. 따라서, 인사쟁이는 애초에 필기시험 문제를 타 공공기관에 출제된 적 없는 새로운 것을 개발하도록 용역 과업에 명확히 제시해야 한다.

❝ 2017년부터 공공기관 합동 채용이 추진되면서 기관별로 필기시험 일정을 동일하게 실시하는 경우가 많아졌다. 이로 인해서 오전과 오후에 각각 다른 기관의 필기시험을 보는 사례가 발생하고 있는데 오전과 오후에 출제된 평가 문제가 비슷하거나 동일한 경험을 한 응모자가 문제 제기를 하는 경우가 나타나고 있다. 두 기관에서는 필기시험을 위탁한 업체는 다르지만 위탁업체에서 의뢰한 평가 문제 출제 업체가 같아서 발생한 오류이다. NCS 중심의 채용 체계가 공공기관에 본격적으로 도입된 지 얼마 되지 않기 때문에 필기시험 문제를 출제할 수 있는 능력과 역량을 가지고 있는 전문 업체가 한정되어 있어서 발생하는 문제이다. 이러한 오류를 방지하기 위해 일부 공기업 및 대규모 기관에서는 전문가를 초빙해 합숙을 통해 평가 문제를 직접 개발하는 경우도 나타나고 있다. **❞**

논술 또는 보고서 작성 평가는 많은 응모자가 있을 때에는 적용하기 어렵다. 비용과 시간이 많이 필요하기 때문이다. 논술 또는 보고서 작성 평가는 정성적 평가이기 때문에 심사 위원이 최소한 3명 이상이 필요하고, 필기시험 대상자 전원을 평가하기 때문에 시간과 비용이 그만큼 발생한다. 그래서 필기시험 대상자가 많은 공기업이나 대규모 기관에서는 적용하기에는 적합하지 않다. 다만 채용된 인력이 바로 실무에 투입되어야 하는 신생 기관이나 응모자가 적은 기관에서는 논술 또는 보고서 작성 평가를 적용하는 것도 좋다. 최근에는 다양한 필기시험 방법들을 접목해 평가하는 추세다. 직업기초능력평가 또는 직무수행능력평가를 본 후 일정 배수를 추려서 논술 또는 보고서 작성 평가를 보는 방법이다. 필기시험 단계에서 직무와 관련된 지식과 능력을 갖춘 인재를 확보하기 위해 다양한 평가 방법을 동원하는 것이 좋다.

필기시험을 어떠한 방법으로 진행할지를 선택하는 것은 기관의 고유 권한이다. 관련 법령에서 필기시험을 어떤 방법으로 실시하라고 규정된 것도 없고 정부의 지침이 구체적으로 명시되어 있는 것도 없다. 기관에서 판단해 기관에 적합한 우수 인재를 선발하기 위해서 면접 심사 대상자를 선정할 수 있는 최선의 방법을 선택하면 된다.

인사쟁이가 필기시험 단계에서 주의해야 할 사항은 시험 출제 문제의 보안과 인쇄 상태, 문제의 난이도, 시험 장소의 적절성 등이며 이러한 것은 사전 확인이 필요하다. 출제 문제의 인쇄 불량이나 보안 사고가 발생하면 필기시험을 제대로 치를 수가 없다. 인사쟁이는 출제 문제를 인쇄하는 현장을 감사인[9]과 같이 방문해 인쇄 상태와 필기시험 관련 제

---

9 공공기관의 공정한 채용을 위해서 해당기관 감사부서 직원을 감사인으로 선임하여 채용의 모든 과정에 감사인을 배석시키고 있다. 감사인은 채용 과정에서 발생할 수 있는 비리 및 부조리를 확인·점검하고 혹시 모를 오류를 바로 잡는 역할을 수행한다.

반사항을 사전 확인하고, 관련자들(인사담당, 감사인, 인쇄업체 인력 등)에게 보안 서약서를 반드시 징구해서 보안 유지를 철저히 해야 한다. 인쇄 후에는 시험지를 박스에 봉인 및 감사인이 날인 하게 하고 보관 장소까지 이동을 확인하여 유출되는 사고가 없도록 해야 한다. (필기시험 당일 봉인된 형태와 날인지에 손상이 없는지 감사인과 같이 확인한 뒤 박스를 오픈해 시험지를 배부해야 한다.)

출제 문제의 난이도는 채용 계획 수립 시 필기시험 대상자의 평균 점수를 설정해 난이도를 조정해야 한다. 필기시험의 평균값을 설정해야 심사 위원들의 평가가 공정하고 객관적으로 이루어질 수 있고 과거 채용 응시자와의 상대 비교가 가능해 통계 자료로 활용할 수 있다. 시험 장소는 응모자의 규모에 따라 다른데 교통 여건이 좋고 이정표가 잘 갖춰진 학교를 많이 활용하고 있다.

마지막으로 시험 장소 입실 시간을 철저히 관리해야 한다. 필기시험 대상자에게 입실 시간을 정확하게 통지하고, 그 시간을 1초라도 초과하게 되면 과감하게 입실을 제한해야 한다. 개개인의 사정을 듣고 이를 받아들여 입실 시간 초과자에게 시험 기회를 제공하게 되면 다른 응모자가 피해를 볼 수 있기 때문에 기회의 공정성에 문제가 생길 수 있다. 인사쟁이는 이럴 경우 인정에 얽매이지 말고 단호해야 한다. 규정과 계획에 따라 시험 관리를 해야 어려운 상황이 발생하지 않는다. 채용은 발생할 수 있는 리스크를 최대한 줄이는 것이 핵심이고, 리스크가 없도록 관리해야 성공적으로 채용을 마무리할 수 있다.

(5) 면접 심사는 기관과 함께할 인재를 선발하는 마지막 과정이다

면접은 선발 과정에서 처음이자 마지막으로 응모자를 직접 확인할 수 있는 기회이다. 면접 위원과 응모자 간의 대면을 통해 최종적으로 응모자의 자격과 능력을 확인하는 가장 중요한 단계라고 할 수 있다. 어떠한 방법으로 면접 심사를 진행하느냐에 따라 면접 심사의 한계(오류)를 극복하고 기관에 적합한 인재를 선발할 수 있다.

> **❝** 면접 심사는 사람이 사람을 평가하는 것으로 일정한 오류가 발생할 수 있다. 일반적으로 가장 흔한 오류가 후광 효과와 첫인상 효과, 대비 효과가 있다. 후광 효과는 응모자의 일부 정보를 전체로 해석하는 것이다. 예로 학력이 좋은 응모자에 대해 다른 조건도 좋을 것이라고 착각하는 경우가 있다. 첫인상 효과는 면접 초기 응모자의 인상착의를 보고 그 사람의 모든 것을 평가하는 것이다. 처음의 평가가 최종적인 의사결정에 영향을 미치는 것을 말한다. 대비 효과는 부적격한 응모자가 연속해서 면접을 볼 경우 평균적인 응모자에 대해서 높은 평가를 할 수 있다는 것이다. 이외에도 여러 가지 오류가 있으나 이를 극복하기 위해서 인사쟁이는 면접 위원들이 올바른 판단을 할 수 있는 면접 심사 방법을 강구해야 한다. **❞**

① 면접 심사는 기관에 적합한 방법을 택하면 된다

면접 심사는 사람이 사람을 평가하는 과정이다. 한 사람을 제대로 평가하기 위해서는 동일한 기준에 따라 다수의 사람들이 점검하는 것이 가장 좋은 방법이나, 비용 문제 및 시간적인 제한으로 그렇게 하지 못하는 한계가 있다. 이를 극복하기 위해서 실무 면접으로 응모자의 기본적인 업무 능력과 지식 등을 점검하고 최종적으로 임원 면접을 통해서 응모자의 인성과 조직 적응도 등을 확인하는 방법으로 면접을 진행한다.

　면접 심사의 형태는 구조화 면접, 상황 면접, 토론 면접, 서류함 기법, 평가 센터법 등이 있다. 구조화 면접은 모든 응모자에게 동일한 질문을 함으로써 객관적인 평가를 진행할 수 있게 하는 것으로, 공공기관에서 일반적으로 적용하는 면접 심사이다. 상황 면접은 실무 면접에서 주로 실시하는 면접 형태로 직무에서 발생 가능한 상황에 대한 예상 반응을 확인하는 면접이다. 스트레스 면접도 이에 속하는데 응모자의 순발력이나 의사 결정 능력, 분석 능력 등을 확인할 수 있다. 다만 스트레스 면접을 직접적으로 활용하는 기관은 거의 없다. 토론 면접은 응모자들 간에 일정한 주제를 가지고 자유롭게 토론을 하게 해 응모자의 성격과 태도에서부터 순발력과 논리력 등을 평가할 수 있는 면접이다. 면접 심사를 두 차례 실시하는 기관에서 실무 면접 시 많이 활용하고 있다. 서류함 기법은 다양한 정보를 응모자에게 제공하고 적절하게 대응하는지를 문서로 작성해 면접 위원과 응모자 간에 상호 질의응답을 통해 응모자를 평가하는 형태이다. 최근에는 서류함 기법을 활용해서 면접 심사를 진행하는 사례가 많아지고 있다. 평가 센터법은 일정 시간이나 기간 동안 응모자에게 다수의 평가자가 다양한 과제(집단토의, 서류함 기법, 상황 면접, 프레젠테이션, 사례 분석 등)를 부여하고 응모자의 실제행동과 과정을 관찰해 평가하는 형태이다.

　❝ 서류함 기법 In-Basket Technique**은 관리자의 의사 결정을 개발하고 훈련하**

기 위한 방법으로 개발됐다. 해당 기관에 대한 특정한 경영 상황을 제시하고 그 상황을 해결하기 위한 의사 결정을 하게 하는 것이다. 직무 중심으로 채용이 진행되면서 해당 직무에 대한 전문 지식과 경험, 경력을 응모자가 갖추고 있는지 확인하는 단계가 필요하게 됐다. 이를 판단하기 위해서 서류함 기법을 면접 심사에 자주 활용하는데, 응모자가 일정한 조건의 상황 속에서 어떻게 의사 결정을 하고 상황을 풀어나가는지 응모자의 업무 수행 능력을 서류함 기법을 통해서 평가할 수 있다 **"**

면접 심사 방법은 집단 면접과 위원회 면접 등이 있다. 집단 면접은 면접 위원이 다수의 응모자를 면접하는 경우이다. 시간이 절약되고 응모자 간의 상대평가가 가능하다는 장점이 있으나, 다른 면접조와의 상대평가는 제한되는 문제가 있다. 대비 효과 오류도 나타날 수 있다. 위원회 면접은 다수의 면접 위원이 응모자 한 명을 평가하는 것으로 응모자에 대해서 세부적으로 확인할 수 있는 장점이 있으나, 집단 면접에 비해 시간이 많이 소요되고 응모자가 심리적으로 위축될 수 있다.

" 면접의 방법과 형태를 결정하는 것은 기관의 재량권이다. 기관에서 필요한 인재를 어떠한 관점에서 보느냐에 따라 면접 심사의 방법이나 형태를 결정할 수 있다. 실무 능력 중심으로 인재를 선발하고자 하면 실무 능력을 직접적으로 확인할 수 있는 상황 면접이나 서류함 기법 등을 적용할 수 있고, 한 사람에 대해서 세부적인 평가를 하고자 하면 위원회 면접으로 진행할 수 있다. 어떤 방법이나 형태가 좋다고 단정할 수 없고 기관이 상황을 고려해 적절한 면접 심사 기법을 적용하면 된다. **"**

② 면접 위원의 구성 및 진행

면접 위원은 많은 수로 편성하는 것이 가장 좋으나, 비용 및 면접 심사 시간의 제한으로 5명 이내로 편성하는 것이 일반적이다. 면접 심사의 공정성을 위해 외부 위원을 전체 위원의 과반수 이상으로 편성하고 위원장은 외부 위원이 맡는 것이 좋다. 기관의 채용 관련 규정에 면접 위원 구성 등에 관한 조항이 있어야 하고 채용 계획에도 이를 반영해야 한다.

면접 심사는 집단 면접을 기준으로 한 조당 20분에서 30분 이내로 편성하고, 면접 심사가 종료되면 5분에서 10분의 휴게 시간을 주는 것이 좋다. 왜냐하면 면접 위원 간 상호 의견 조율의 시간이 필요하기 때문이다. 이는 평가상의 위원 상호 간 편차를 줄이기 위해서 반드시 필요한 절차이다. 물론, 여기에서 말하는 의견조율은 평가 점수의 조정 또는 특정인 평가에 영향을 미치는 직간접적인 발언 등과 관련된 것이 아니라, 심사 진행 과정상의 문제나 모호한 평가 기준 등이 있는 경우 이에 대해 의논하는 것을 말한다.

블라인드 채용으로 응모자의 각종 증빙 서류(졸업증명서, 경력증명서, 자격증 등)를 서류 단계에서 확인할 수 없게 됐다. 이로 인해 응모자를 대면할 수 있는 면접 심사 단계에서 응모자가 이력서에 작성한 학력, 경력이나 자격증 등에 대한 증빙 서류를 제출하는 절차가 필요하다. 응모자가 면접 심사 접수를 할 때 이력서상에 기재한 사항을 증빙할 수 있는 서류를 제출하게 하고, 제출 목록에 서명을 받은 후 면접 심사 접수

대에서 제출 받은 서류는 봉인 처리한다. 응모자가 제출한 증빙 서류는 면접 심사 이후 최종 합격자에 한해 사실관계 확인용으로 활용한다.

(6) 최종 합격을 위해서는 신체검사 및 신원 조사가 필요하다

각 전형 단계를 최종적으로 통과하면 마지막에는 신체검사와 신원조사 및 결격사유 조회를 실시한다. 지금까지 공공기관은 합격자에게 공무원에 준하는 신체검사 제출을 요구했다. 하지만 국민권익위원회의 제도 개선방안[10]에 따라 공무원 채용 신체검사서를 일반 채용 신체검사서나 건강검진 결과서로 대체하는 것을 권고해서 많은 기관에서는 이를 반영하여 신체검사를 처리하고 있다.

신원조사 및 결격사유 조회는 경찰서와 등록 기준지 주민센터에서 확인해주는 절차이다. 공공기관 임직원은 업무의 특성에 따라 정부와 협력하는 보안 업무를 할 수도 있어 보안 등급을 받아야 하고, 범죄 사실이 있으면 기관 내 결격사유에 해당이 되어 임용이 되지 못하는 경우가 있어 신원조사를 통해 확인하는 절차를 거쳐야 한다. 그런데 「공공기관 운영에 관한 법률」에 따라 임원은 조회 근거가 명백하나, 직원은 기관 내규에서 정할 뿐 법적 조회 근거가 없어 결격사유 확인서(결격사유 발견 시 당연퇴직 서약) 징구로 대체하고 있는 실정이다. 다만, 교육기관, 박물관 등은 결격사유 중 성희롱 및 아동학대 범죄 조회에 대한 법적 근거가 있어 이를 합격자의 동의를 받아 별도로 실시하게 된다.

---

10 '불합리한 채용 신체검사 개선방안'(제2021-440호, 2021.07.19., 국민권익위원회)

" 채용 절차가 모두 마무리되면 응모자가 제출한 서류를 반환할 수 있도록 제도를 마련해야 한다. 「채용 절차의 공정화에 관한 법률」에 따라 사유 발생일로부터 14일 이내에 응모자가 서류 반환 신청을 하면 기관에서는 즉시 응모 서류 일체를 반환해야 하고 그 비용은 기관에서 부담하도록 하고 있다. 다만 온라인으로 접수받거나 이메일로 받은 서류는 반환 의무가 면제된다. **"**

04 근로계약

응모자의 신분이 최종 합격자가 되면 기관의 한식구가 됐다는 의미이다. 최종 합격자 발표가 되고 신규 직원 임용 교육을 수료하면 최종적으로 임용이 되는데, 일반적으로 바로 정규직으로 채용하는 것이 아니라 수습이란 기간을 두고 내부적으로 다시 평가한다. 보통 수습은 3개월 정도의 기간 동안 부서장 위주로 평가를 하는데, 어렵게 선발한 인재이기 때문에 특별한 하자가 없는 한 정규직으로 임용한다. 수습 기간 동안 보수는 기관에 따라 차이가 있는데 정상적인 보수의 80%에서 100%를 지급한다. 최근에는 대부분 100%를 지급하는 게 추세이다. 함께 근무할 한식구이고 어려운 선발 과정을 거쳐서 임용이 됐기 때문에 기본적인 자질과 능력을 갖췄다고 보기 때문이다.

" 수습 기간 중 근로자를 해고하려면 그에 따른 정당한 사유가 있어야 한다. 객관적이고 공정한 평가를 통해 사회 통념상 상당히 타당하다고 인정되는 사유여야 한다. 수습 근로자를 해고하는 것도 일반 직원을 해고 하는 것과 같이 어렵기 때문에 선발 과정에서 제대로 된 선발 도구를 개발해 인재를 선발해야 한다. 최종 합격 발표가 된 이후에는 서류 조작이나 결격 사유가 추가적으로 나오기 전에는 내부 평가만으로 해고 하는 것은 사실상 어렵다. **"**

기관에 신규 직원이 임용되면 인사쟁이는 가장 먼저 신규 직원에 대한 근로계약을 체결해야 한다. 근로계약서 체결은 「근로기준법」에서 강제하는 규정으로 근로자와 사용자 간에 체결해야 하고, 2부를 작성해 근로자에게 교부해야 한다. 신규 직원이 기관에 임용된 후 처음으로 서명하는 것이 바로 근로 계약이다.

근로계약은 근로자가 사용자에게 근로를 제공하고, 사용자는 이에 대하여 임금을 지급하는 것을 목적으로 체결하는 계약을 말한다. 「근로기준법」에서는 근로계약서상에 포함되어야 하는 계약 내용을 규정하고 있는데 계약 기간과 근로조건을 명시하도록 하고 있다.

(1) 계약 기간

'계약 기간'이란 신규 직원이 얼마만큼 해당 기관에서 근무를 할 수 있는지를 문서로 명시한 것이다. 일반적으로 정규직과 비정규직을 구분하는데, 정규직과 비정규직이라는 용어는 법적 용어가 아니고 편의상 통용되는 용어이다. 정규직은 근로계약상 기간의 정함이 없는 근로자로 정년까지 근로계약 하고, 비정규직은 「기간제 및 단시간근로자 보호에 관한 법」에 따라 2년 범위 내에서 근로계약 한다. 만약, 2년을 초과할 경우에는 무기계약으로 자동 전환된다.

정규직은 '계약 기간이 기간의 정함이 없음' 또는 '임용일로부터 정년까지로 한다' 등으로 근로계약서에 작성하고, 비정규직은 언제부터 언제까지로 계약 기간을 정확하게 기록해야 한다. 대부분의 공공기관은 연 단위로 회계 연도를 적용하기 때문에 연중에 비정규직이 임용되면 임용일로부터 그해 말(12월 31일)까지 근로계약을 하고 내부 평가 절차를 통해서 연 단위 계약을 실시한다.

❝ 문재인 정부의 비정규직의 정규직화 정책에 따라 공공기관에서 근무하고 있는 대다수의 비정규직이나 용역·파견 근로자를 무기계약직 또는 일반 정규직으로 전환했다. 최근에는 비정규직 채용의 빈도는 많이 낮아졌으며 비정규직으로 채용하는 사례는 휴직자 대체 또는 간헐적인 직무, 도급사업 등에서 일시적으로 근무할 사람을 모집하는 것이 대부분이다. ❞

(2) 근로조건

근로조건은 근로자가 사용자에게 고용되어 근로를 제공하는 모든 조건을 말한다. 즉 임금 구성 및 지급 방법, 근로시간, 휴게, 휴일, 승진, 복리후생 등 전반적인 인사복무 관련 사항을 의미한다.

❝ 근로조건을 이해하기 위해서는 「근로기준법」에서 사용되는 용어에

대한 개념을 정확하게 알아야 한다. 용어의 정의 속에 인사·노무 업무를 수월하게 추진할 수 있는 의미가 내포되어 있기 때문이다. 공공기관에서 근무하고 있는 모든 직원들은 근로자이다. 왜냐하면 근로자의 정의가 직업의 종류와 관계없이 임금을 목적으로 사업이나 사업장에 근로를 제공하는 자이기 때문이다. 그리고 인사쟁이는 이중적 성격을 가지고 있는데 임금을 목적으로 근로를 제공하는 근로자이면서 사용자의 지위를 가지고 있기 때문이다. 사용자의 정의가 사업주 또는 사업 경영 담당자, 그 밖에 근로자에 관한 사항에 대하여 사업주를 위하여 행위하는 자이다. 이러한 관계를 이해하기 위해서 「근로기준법」상 용어의 정의를 잘 알고 있어야 한다. **"**

근로자가 사용자에게 근로를 제공하는 이유는 임금을 받기 위해서다. 사용자는 「근로기준법」에서 규정하고 있는 최소 기준 이상의 근로조건을 충족시켜야 한다. 근로계약은 사용자와 근로자 간에 계약 기간과 근로조건 등을 상호 약정하여 계약서에 반영하고 서명하는 것이다. 「근로기준법」에 명시되어 있는 규정들은 최소 기준이기 때문에 그 이하로 계약할 경우에는 그 부분에 한해서 무효로 하며, 이에 따라 무효로 된 부분은 「근로기준법」에서 정한 기준에 따르게 되어 있다. 이 점을 인사쟁이는 잘 알아둬야 한다. 「근로기준법」을 위반할 경우에는 벌칙 조항이 있기 때문에 인사관리를 하면서 「근로기준법」을 비롯해 노동 관계 법령은 기본적으로 숙지하고 업무를 수행해야 한다.

" 「근로기준법」 제17조에서는 임금(구성항목, 계산방법, 지급방법), 소정

근로시간, 휴일, 연차유급휴가, 근무 장소 및 직무 등을 근로계약서에 반드시 명시하도록 규정하고 있다. 실무에서는 호봉제를 적용하고 있는 기관에서는 근로계약서에 임금 관련 사항을 모두 명시하는 경우가 있으나 연봉제인 경우에는 근로계약서 이외에 연봉 계약서를 별도로 작성하게 된다. 연봉 계약서를 체결하는 경우에는 근로계약서상에 임금 관련 항목은 '연봉 계약서로 갈음한다'라고 표현한다. **"**

〈근 로 계 약 서 양 식〉

_____(이하 "사용자"라 함)과(와) _____(이하 "근로자"라 함)은 다음과 같이 근로 계약을 체결한다.

1. 근로 계약 기간 : 20○○년 ○월 ○○일부터 정년까지로 한다.
   - 수습 기간 : 20○○년 ○월 ○○일부터 20○○년 ○월○○일까지로 한다.(3개월)
   ※ 근로 계약 기간을 정하는 경우(계약직)에는 "근로 개시일과 종료일" 기재

2. 근무 장소 :

3. 업무의 내용 :

4. 소정근로시간 : ___시___분부터 ___시___분까지(휴게시간 : 시 분~ 시 분)

5. 근무일/휴일 : 매주 ____일(또는 매일 단위)근무, 주휴일 매주 ____요일

6. 임금
   - 월(일, 시간)급 : _____원

- 상여금 : 있음 (   ) _____원, 없음 (   )
- 기타 급여(제수당 등) : 있음 (   ), 없음 (   )
 · _____원, _____원
- 임금 지급일 : 매월(매주 또는 매일) ____일(휴일의 경우는 전일 지급)
- 지급 방법 : 근로자에게 직접 지급(   ), 근로자 명의 예금통장에 입금(   )
- 근로자 계좌번호 :
 * 수습 기간은 임금의 100% 지급

7. 연차유급휴가
- 연차유급휴가는 근로기준법에서 정하는 바에 따라 부여함

8. 근로계약서 교부
- 사업주는 근로 계약을 체결함과 동시에 본 계약서를 사본하여 근로자의 교부
 요구와 관계없이 근로자에게 교부함(근로자   서명)

9. 기 타
- 기타 근로계약서에 없는 사항은 근로기준법 등 노동관계 법령과 기관 내규에
 따른다.

년   월   일

(사용자) 사업체명 :   (전화 :   )
     주   소 :
     대 표 자 :   (서명)
(근로자) 주   소 :
     연 락 처 :
     성   명 :   (서명)

〈연 봉 제 동 의 서〉

본인은 연봉제 적용에 동의하면서 아래와 같이 서약합니다.

1. 연봉 산정 방식 및 평가 방법을 숙지하고 있습니다.
2. 타인의 연봉 금액을 알려고 하지 않고, 본인의 연봉 금액을 절대 공개하지 않
   겠습니다.
3. 연봉에 대하여 이의가 있는 경우에는 인사위원회의 연봉 조정 결정에 따르겠
   습니다.
4. 기타 연봉제 시행에 관련한 사항은 기관에서 정한 바를 준수하겠습니다.

년   월   일

소 속 :

직 급 :

성 명 :   (서명)

기관장 귀하

_____ 연봉제 동의서는 한 부만 작성하고 최초 신규 직원 임용 시 근로계약서
작성 시 같이 서명을 받는다.

〈연 봉 계 약 서〉

기관장과 아래 연봉제 적용 대상자 간에 연봉 계약을 다음과 같이 체결한다.

1. 연봉제 대상자

   소속 :   직급 :   성명 :

2. 연봉 계약 기간

       년   월   일부터   년   월   일까지

3. 연봉액

구 분	금 액	비 고
기본 연봉		연봉월액 :
자체 성과급		※ 지급 금액과 지급 방법은 추후 결정
경영평가 성과급		
계		

4. 기타 수당 등

o 연봉액에 포함되지 않은 수당 등은 기관의 관련 규정 및 지침 등에서 정한 바
  에 따라 지급한다.

5. 기타 사항

가. 연봉은 매년 평가 결과를 통하여 결정되며, 2차년도 이후의 연봉 계약은 연봉
   통보서로 대체한다.
나. 연봉 산정 및 인사위원회에서 정한 연봉 인상률이 임금 협상 결과와 차이가
   있거나, 기관의 방침에 따라 연봉 감액 등의 사유가 있는 경우에는 연봉 산정
   및 인사위원회의 연봉 조정 결과에 따라 조정할 수 있다.
다. 개인의 연봉에 관한 보안 유지 의무를 준수한다.
라. 기타 연봉제 운영에 대해서는 기관의 제 규정 및 지침에 따른다.

본 계약의 성립을 인정하기 위하여 계약서 2부를 작성하여 계약 당사자 양측이
서명 날인 후 각 1부씩 보관한다.

년   월   일

기관장 :   (인)

소속 :   직급(위) :   성명 :   (인)

〈연봉통보서〉

소 속		직 급		성 명	

연봉계약기간	년 월 일부터 년 월 일까지

구 분	금 액	비 고
기본연봉		연봉월액 :
자체성과급	-	※ 지급 금액과 지급 방법은 추후 결정
경영평가성과급	-	
계		

1. 연봉액에 포함되지 않은 수당 등은 기관의 관련 규정 및 지침 등에서 정한 바에 따라 지급한다.
2. 통보된 연봉에 이의가 있는 경우에는 연봉 통보일로부터 7일 이내에 인사 담당 부서를 경유하여 인사위원회에 이의 신청할 수 있다.
3. 기타 연봉제 운영에 관하여는 기관의 제 규정을 따른다.

년   월   일

기관장

_____ 연봉 통보서는 임용된 이후 2년 차부터 적용하는 양식으로, 기관 평가 종료 후 평가 결과에 따라 해당 연도 최종 연봉이 확정되면 별도의 계약서 작성 행위 없이 기관의 규정에 따라 연봉 통보서로 대체한다.

〈연봉 계약 변경 통지서〉

■ 대상자 인적 사항

소 속	직 급	성 명

■ 연봉 계약 변경 내역

○ 계약 기간

변경 전	~	변경 후	~

○ 연봉액(단위 : 원)

구 분	변경 전	변경 후	비 고
기본연봉			
자체성과급			
경영평가성과급			
계			

■ 기타 사항

○ 기타 사항은 "연봉계약서" 내용과 동일함

연봉 계약이 위와 같이 변경 결정되었기에 알려드립니다.

년   월   일

기관장

_____ 연봉 관련 이의 신청이 인용되거나, 해당 연도 연봉이 조정될 경우에는
별도의 연봉계약서를 작성하지 않고 변경통지서로 대체한다.

〈연 봉 이 의 신 청 서〉

기관에서 본인에게 통보한 '○○년도 연봉에 대하여 아래와 같이 이의를 제기하오니, 귀 위원회에서 재심하여 주시기 바랍니다.

통보내역	이의신청

년   월   일

소 속 :
직 급 :
성 명 :   (인)

인사위원회 위원장 귀하

〈심 사 결 정 통 보 서〉

수신 :

귀하께서 이의 신청하신 사항에 대하여 본 위원회의 심사결과를 아래와 같이 통보합니다.

이의 신청 내용	심사 결과

년   월   일

인사위원회 위원장 귀하

_____ 연봉에 대해 이의를 신청하고자 할 경우 '연봉 이의 신청서'를 인사위원회에 제출하고 재심을 받아야 한다. 인사위원회 재심 결과는 심사 결정 통보서로 신청인에게 통보한다.

05 채용 관련 문서

공공기관에서 '업무를 한다'는 것은 문서를 생성하고 의사 결정권자의 결재를 받았다는 것을 의미한다. 계획을 수립하고 사업을 추진하면서 생성한 문서는 상황 보고, 중간 보고, 결과 보고 등이 있고, 이렇게 생성한 문서는 중요도에 따라 보존 연한이 결정된다. 채용은 중요한 업무이기 때문에 이와 관련해 생성한 문서는 대부분 영구 보존해야 한다. 또, 인사부서와 감사부서가 동시에 관리해야 하며, 감사부서는 감사 권한 범위 내에서만 열람해야 한다.

채용과 관련해서 생성되는 문서는 다음과 같다.

계획 수립 단계 ✍

− 인사위원회(인사위원회 개최 계획 및 결과 보고 기안문 포함) 회의 자료, 의결서, 회의록
− 기관장의 결재를 득한 채용 계획서
* 노사협의회에서 인력 운영을 협의할 수 있기 때문에 관련 협의 서류 포함

모집 및 선발 단계 ✍

− 서류 심사 관련 서류 일체(심사위원 보안 각서 및 평가표, 심사위원 점수 집계표, 엑셀 데이터 자료, 심사위원 보안 각서), 서류 심사 결과 보고(합격자 현황 포함, 채용 대행 업체 결과 보고 공문, 내부 결과 보고 문서)
− 필기시험 관련 서류 일체(심사위원 보안 각서 및 평가표, 심사위원 점수 집계표, 응모자 필기시험 자료(OMR카드 또는 보고서 작성 답안지

등)), 감독관 보안 각서, 인적성 검사 결과, 필기시험 결과 보고(합격자 현황 포함, 채용 대행 업체 결과 보고 공문, 내부 결과 보고 문서)
- 면접 심사 관련 서류 일체(심사위원 보안 각서 및 평가표, 심사위원 점수 집계표, 응모자 증빙 서류 제출 서류 서명 명부), 면접 심사 결과 보고(합격자 현황 포함, 채용 대행 업체 결과 보고 공문, 내부 결과 보고 문서)

최종 합격 단계 🖉
- 최종 합격자 관련 서류 일체(응시 원서, 합격자 제출 증빙서류, 신체검사 서류, 신원 조사 서류, 결격 사유 조회 서류, 최종 결과 보고서 등)
- 근로계약 및 연봉 계약서
- 최종적으로 불합격한 응모자 관련 서류(응시 원서, 제출서류 등 일체)는 채용 결과가 확정된 날로부터 180일 이후에는 파기. 다만 응모자가 관련 서류의 반환을 요구할 경우 14일 이내에 반환해야 함.

이와 같은 문서는 원본으로 가지고 있어야 하며 파일본도 함께 보관하고 있어야 한다. 기관 자체적으로 채용을 진행할 경우에는 내부 전산 시스템에 관련 서류가 저장되기 때문에 큰 어려움은 없으나, 외부 전문 업체에서 채용을 대행할 경우에는 관련 서류를 잘 챙겨야 한다.

어느 업체에 채용 대행을 맡기느냐에 따라 결과물의 수준이 현저하게 차이가 날 수 있어 단계별로 생성된 문서를 철저하게 확인해야 한다. 만에 하나 채용 대행 완료 후 채용 관련 서류가 누락되거나 없어지게 되면 인사쟁이 책임이 된다(외주 업체는 용역 완료 보고 후에는 책임이 없음). 채용과 관련된 서류를 분실하거나 파손될 경우에는 채용 감사에서 채용 비리로 오해를 받을 수 있어 채용 관련 서류를 철저히 관리해야 한다.

채용 관련 서류를 제외한 인사 관련 서류는 3년의 보존 연한(「근로기준법」 제42조)을 가지지만, 기관의 규정에 따라 보존 연한은 더 길어질 수 있다.

〈중요 서류의 보존 기간 기산일〉

◆ 계약서류 보존 : 3년

대상 서류	기산일
근로자 명부	근로자가 해고·퇴직 또는 사망한 날
근로계약서	근로관계가 끝나는 날
임금대장	마지막으로 임금 내역을 기재한 날
임금의 결정·지급 방법과 임금 계산의 기초에 관한 서류	완결한 날
고용·해고·퇴직에 관한 서류	근로가 해고되거나 퇴직한 날
승급·감급에 관한 서류	완결한 날
휴가에 관한 서류	승인 또는 인가를 받은 날
연장 근로, 감시단속적 근로 및 임산부 야간휴일근로에 따른 승인 인가 관련 서류	승인 또는 인가를 받은 날
3개월 단위 탄력적·선택적 근로시간제, 근로시간 계산의 특례, 근로 및 휴게 시간 특례에 따른 서면 합의 서류	서면 합의한 날
연소자 증명서에 관한 서류	18세가 되는 날(18세 도달 이전 해고, 퇴직 또는 사망한 경우 해당하는 날)
그 밖의 인사 중요 서류	완결한 날

_____ 「근로기준법」상 인사 관련 서류의 보존 연한은 3년이지만, 대부분의 기관에서 인사 관련 서류는 반영구적으로 보관하고 있으며 특히 채용 관련 서류를 영구보존해야 한다. (기관에 내규에 따라 반영구일 경우도 있음)

3. 유지관리

신규 직원이 임용되면 그때부터 기존 구성원과의 새로운 관계가 형성된다. 사람과의 관계이기 때문에 어느 부서에 배치되고 누구와 함께 근무하는지에 따라 적응도와 조직에 대한 애착심 등이 다를 수 있다. 업무는 정해진 절차와 규정대로 내가 아는 범위에서 최선을 다하면 되지만 구성원 간의 관계 형성은 업무와는 다른 차원의 문제이다. 개개인마다 성향과 조직 내 위치가 다르고 직급에 따른 권한과 책임이 차이가 있어 신규 직원이 이에 적응하기에는 오랜 시간이 필요하다.

인사쟁이는 신규 직원이 조기에 조직에 적응할 수 있도록 지원해야 하고, 그런 업무가 바로 유지관리의 시작이다. 신규 직원을 부서에 배치하고 인력 계획에 근거해 전보시키고, 역량 개발을 통해 성과를 내도록 해 승진을 할 수 있도록 제도화하는 일이 바로 유지관리 업무이다. 물론 잘못이 있으면 그에 상응하는 징계 처분을 해야 하고 성과가 있으면 포상을 줘야 한다. 이 또한 유지관리 업무이다.

유지관리의 핵심은 신규 직원의 조직 정착을 유도하는 것이다. ✑

신규 직원을 조기에 조직과 업무에 적응시키기 위해서 공공기관에서는 여러 가지 제도를 운영하고 있다. 그중 가장 대표적인 프로그램이 바로 '신규 직원 임용 교육 프로그램'이다. 일정 기간 동안 다양한 교육 프로그램을 개발해 조직에 대한 이해도를 높이고 업무를 사전에 숙지할 수 있는 기회를 제공하여 업무 적응력을 높이는 것이다. 이 프로그램은 대부분의 공공기관에서 실시하고 있지만, 그 방법과 기간 등은 기관의 규모와 상황에 따라 다를 수 있다. 규모가 있는 공기업이나 준정부 기관은 4주 이내에서 교육 프로그램을 운영하고, 규모가 작은 기타 공공기관에서는 1주 이내로 프로그램을 운영한다.

〈신규 직원 임용 교육 사례〉

▣ 목적
○ 신규 임용자가 기관에 조기 적응하고, 기관의 미션과 비전 등을 함께 공유할 수 있는 場 마련

▣ 교육 개요
○ 교육 인원 : 신규 채용 예정자 ○○명
○ 교육 기간 : '○○.○○.○○ ~ ○○.○○ (○○박○○일)
○ 교육 장소 : ○○○○○○
○ 교육 시간 : 총 ○○○H (용역업체 교육 ○○H, 자체 교육 ○○H, 외부 견학 ○○H)

▣ 주요 교육 내용 및 일정
○ 주요 교육 내용
 − (기관 소개 교육) '실' 단위별 소개(실별 2시간 할당) 및 취업 규칙, 재무, 감사 등 직무별 실무 업무 설명(질의응답)
 − (조직관/가치관 함양 교육) 조직 이해와 애사심을 가질 수 있는 조직 강화 교육 실시
 − (직무 역량 강화 교육) 직무 수행에 필요한 실무 역량 및 직무 적응력 향상
  * 보고서 및 보도자료 작성 능력, 기획력 및 발표 능력 등
 − (조직 적응 및 마인드 교육) 조직인의 기본 소양과 태도 및 협상 스킬, 갈등 관리 역량 함양을 통한 조직 적응력 강화

○ 교육 일정(붙임 참조)

▣ **교육 대행 업체**

○ 업체명 : ○○○○○(대표이사 : ○○○)

　－ 신규 직원 교육의 질을 높이고 교육 효과를 제고하기 위해 교육 전문 업체와

　　수의계약(계약금액 2천만 원 이하)으로 추진

　＊ 업체 선정 사유 및 교육 용역업체에 대한 세부적인 소개 자료는 붙임 참조

【업체 견적 가격 비교】

구 분		○○○○○○	○○○○○○	○○○○○○	비 고
견적가	교육비				가격 비교 결과, "A"업체가 타 업체보다 비교 우위이며, 실적이 타 업체보다 우수함
	운영비				
	경비(식비)				
	일반관리비				
	부가세				
	합계				

　＊ 세부 사항은 붙임 참조

▣ 소요 예산 : 총 00,000,000원(부가세 포함)

○ 예산과목 : 기관운영비 내 위탁사업비

　＊ 세부 산출 내역은 과업지시서 참조

▣ 향후 추진 계획

○ 각 부서별 업무 협조 요청

　－ 재무부 : 용역업체 계약

　－ 직원 교육 자료 생성 및 교육 참여 협조

　　＊ 인사부 － 취업 규칙 관련, 재무부 － 계약 관련 업무, 감사부 － 청렴 및 감사 관련

붙임　1. 수의계약 사유서 1부.

교육 프로그램 외에 많이 운영하는 방법은 멘토링 제도이다. 일정 기간 동안 신규 직원이 조직에 잘 적응할 수 있도록 업무에서부터 조직 내 생활 전반에 대해 코칭해 줄 수 있는 선임과 연결시켜주는 제도이다. 하지만 멘토링 제도는 장단점이 분명하기 때문에 도입에 신중할 필요는 있다. 준비되지 않은 멘토로 인해서 신규 직원이 조직에 적응하고 업무를 익히는데 오히려 어려움을 겪을 수 있다. 멘토링 제도를 성공적으로 운영하기 위해서는 멘토에 대한 사전 교육이 반드시 필요하다. 멘토의 역할과 책임 등을 구체적으로 명시한 매뉴얼이 있어야 하고 멘토를 선발하는 기준에 대해 규정화해야 한다.

표준화된 업무 매뉴얼을 만들어라 ✍

조직은 업무의 효율성과 성과를 높이기 위해 표준화된 규정을 제정해 운영한다. 조직의 규정은 모든 구성원에게 동일하게 적용되는데 규정을 준수하지 않으면 징계를 받고, 규정을 잘 준수하면 포상을 받을 수 있다. 공공기관에 소속되어 있는 구성원의 의무이자 책임이다.

유지관리 업무의 핵심은 일정한 틀 속에서 구성원을 효율적으로 관리하고 모든 구성원이 최대한 만족할 수 있도록 제도와 규정을 마련하는 것이다. 동기부여를 통해 업무 효율성을 높이고 이를 통해 조직의 설립

목적을 추구하여 경영 목표를 달성하고자 하는 것이다. 이때 기준이 되는 것이 표준화된 업무 매뉴얼이고, 이를 제도화한 것이 내부 규정이다. 취업규칙이라고도 하는데 용어는 중요하지 않다. 구성원 모두가 준수해야 하는 기준을 관리하고 제·개정하는 것이 유지관리 업무이고, 이를 적용하는 업무도 유지관리 업무이다. 일반적으로 인사이동, 평가, 교육훈련, 경력 개발 등이 이에 해당한다.

01 인사이동

인사이동은 조직의 새로운 활력(동기부여 및 직무 만족도 향상, 매너리즘 타파 등)을 불어넣기 위해 구성원을 배치하고 전환하며 승진시키는 등의 활동을 말한다. 동일 직무를 장기간 수행하다 보면 업무 전문성은 향상할 수 있으나, 매너리즘에 빠지거나 관행적 업무 처리, 동기부여 결여로 저성과를 나타내거나 근무 태만 등의 문제가 나타날 수 있다. 이를 개선하고자 새로운 부서로 2년에서 3년 주기로 재배치(전환)할 수도 있고, 더 많은 권한과 책임이 부여되는 직무로 승진을 할 수도 있다.

인사이동은 연간 정기적으로 진행되거나, 기관장의 방침에 따라 수시로 운영할 수 있다. 통상적으로 상하반기로 구분해 연간 2회, 또는 연간 1회의 정기 인사이동을 실시한다. 수시 인사이동을 하는 이유는 갑작스런 퇴사, 징계 처분 등의 사유로 보직에 공석이 발생했거나, 기관장이 새로 부임해 조직 장악력을 높이기 위해 실시하는 경우가 대부분이다.

인사 발령 人事發令

공공기관의 모든 행정 행위는 문서로 이루어지고 문서로 종결된다. 인사 발령은 구성원 개개인의 신분과 관련해 실시하는 행정 행위로 보통 부서 이동, 보직 부여, 휴직, 인사 이동 등이 이루어질 때 실시한다. 인사 명령이란 용어도 사용하는데 인사 발령과 인사 명령을 구분해서 사용하지 않으며, 기관에 따라 용어를 선택해 사용하면 된다.

* 두 용어에 대한 정확한 어원이나 정의가 명시적으로 구분되어 있지 않고 법률적 용어가 아니기 때문에 동일한 개념으로 사용해도 무방하다.

인사 발령은 사유 발생 시 실시하는데 작성은 다음과 같이 하면 된다. ① 인사 발령 대상자의 소속과 직책, 성명(한자)을 기록 ② 인사 발령 내용 작성 ③ 발령 일자와 기관장 명을 작성한다.

인사 발령 내용을 작성할 땐 자세한 내용을 기입하는 것이 아니라 핵심적인 사항을 함축적으로 작성하고 내용의 끝을 '임함', '보함', '면함', '처함', '명함' 등으로 사유에 따라 마무리하면 된다.

'임함'은 직급 상승을 했을 때, '보함'은 새로운 보직을 부여 받을 때, '면함'은 업무가 종료됐을 때, '처함'은 처분을 받았을 때, '명함'은 신규 직원을 임용할 때나 휴직 등을 허가할 때 주로 사용한다. 이 외에도 상황에 따라 함축적으로 줄임말을 사용하면 된다.

작성 예)

1. 신규 직원 임용 인사 발령

인사 발령(신규 직원 임용)

임용 예정자 이세종(李世宗)

기획경영본부 경영관리실 인사부 근무를 명함
행정직 6급 수습에 임함(20○○.01.01.~03.31.)

20○○.01.01.
한국공공재단 기관장. 끝.

2. 신규 직원 수습 종료 인사 발령

인사 발령(수습 종료)

기획경영본부 경영관리실 인사부
행정직 6급 이세종(李世宗)

「인사규정」제20조에 따른 수습을 면함

20○○.01.01.
한국공공재단 기관장. 끝.

3. 승진 인사 발령

인사 발령(승진)

기획경영본부 경영관리실 인사부
행정직 3급 이세종(李世宗)

행정직 2급에 임함

20○○.01.01.
한국공공재단 기관장. 끝.

4. 보직 전보 인사 발령

인사 발령(보직 전보)

기획경영본부 경영관리실 인사부
행정직 3급 이세종(李世宗)

전략경영실 기획부 근무를 명함
기획부장에 보함

20○○.01.01.
한국공공재단 기관장. 끝.

5. 징계 처분 인사 발령

인사 발령(징계)

기획경영본부 경영관리실 인사부
행정직 6급 이세종(李世宗)

「인사규정」 제30조 제1호에 따라 정직(중징계) 3개월에 처함(20○○.01.01.~03.31.)

20○○.01.01.
한국공공재단 기관장. 끝.

6. 전보 인사 발령

인사 발령(전보)

기획경영본부 경영관리실 인사부
행정직 6급 이세종(李世宗)

전략경영실 기획부 근무를 명함

20○○.01.01.
한국공공재단 기관장. 끝.

7. 휴직 인사 발령

인사 발령(육아휴직)

기획경영본부 경영관리실 인사부
행정직 6급 이세종(李世宗)

「인사규정」 제25조 제2항 제4호에 따라 육아휴직을 명함(20○○ .01.01.~03.31.)

20○○.01.01.
한국공공재단 기관장. 끝.

8. 퇴직 인사 발령

인사 발령(퇴직)

기획경영본부 경영관리실 인사부
행정직 6급 이세종(李世宗)

원에 의하여 그 직을 면함

20○○.01.01.
한국공공재단 기관장. 끝.

(1) 배치전환(전보)

공공기관은 조직 분위기 쇄신, 직무 변화, 교육훈련, 인원 관리 등의 목적으로 배치전환을 실시한다. 배치전환은 수평적 이동(동일 직급에서 동일 직급으로)을 말하며, 근무 장소나 직무 등이 변경되는 것으로 직급 이동(승진)을 의미하지는 않는다. 배치전환을 실시하기 위해서는 원칙과 기준이 있어야 한다. 그 원칙과 기준에 따라 대상자 선정과 시행 시기, 적용 범위가 사전에 예측 가능해야 한다. 배치전환은 구성원 입장에서는 근로조건이 변경되는 것이기 때문에 민감할 수 있다. 예측 가능성이 있어야 수용성을 높일 수 있고, 불안정성을 해소할 수 있다.

조직의 구성원이 100명 내외인 기관에서는 배치전환이 직무 중심으로 이루어진다. 직무 변경에 따라 부서가 바뀌는 경우가 대부분이다. 동일한 공간에서 근무하는 경우가 많기 때문에 근무지가 변경되는 일은 거의 없다. 하지만 전국 단위로 본부나 지사가 있는 대규모 기관은 상황이 다르다. 대도시에서 근무하다가 근무 여건이 열악한 격오지나 기피 지역으로 배치전환을 할 수도 있다. 그래서 배치전환을 하기 위해서는 원칙과 기준이 명확해야 하고, 구성원이 사전에 예측 가능할 수 있는 배치전환 제도가 있어야 한다. 일반적으로 많이 활용하는 방법이 '배치전환 마일리지 제도'이다.

이 제도는 기피 및 격오지에 대한 근무 원칙을 수립하고, 예측 가능한 배치전환을 하기 위해 도입한다. 기관마다 점수를 부여하는 방법과 기준 등은 다를 수 있으나 제도의 도입 취지는 동일하다. 공정하고 계량화한 기준을 바탕으로 구성원이 수용할 수 있는 제도를 운영하기 위해서다. 통상 일정한 점수(100점 만점에 70점에서 80점 사이)에 도달하는 대상자를 우선적으로 배치전환을 고려하는데 적용 기준은 ① 근무 지역, ② 현 부서 근무 기간을 종합적으로 평가해 마일리지 점수를 부여한다.

① 근무 지역 점수는 일반적으로 3개 권역으로 구분하나 그 이상으로 권역을 나눠 점수화할 수도 있다. 거주지 내 본사 또는 지역본부/

지사를 제1생활권역, 거주지 외 본사 또는 지역본부/지사를 제2생활권역, 기피 및 격오지 지역/본부를 제3생활권역으로 하고 매월 적용하는 점수를 차등 적용한다.

〈권역별 마일리지 부여 사례〉

구분	제 1 생활권역	제 2 생활권역	제 3 생활권역
매월	0.1점	0.3점	1점

② 한 부서에서 보통 3년 이상 근무하거나 동일 권역에서 9년 이상 근무하는 직원은 배치전환 대상자로 우선 선정한다. 근무 기간을 고려하여 연도에 따라 점수를 차등 부여한다. 다만 직무 특성을 고려하여 예외 적용도 가능하다.

〈근무 기간별 마일리지 부여 사례〉

구분	3년 미만	5년 미만	7년 미만	7년 이상
배치전환 시점 기준	15점	20점	30점	50점

배치전환은 기관장의 경영 방침에 따라 실시할 수 있으며 기관에 새로운 활력을 불어넣을 수 있는 윤활유 역할을 한다. 새로운 부서에서 새로운 업무를 수행하면 다양한 분야의 직무 경험을 할 수 있고, 그에 따른 보람을 느낄 수 있다. 이는 직무에 대한 동기부여는 물론 업무 매너리즘을 극복하는 데도 도움이 된다. 하지만 배치전환이 예측 불가능하거나, 직원의 의견이 반영되지 않을 경우에는 직원들의 불만과 근로의욕 상실, 조직에 대한 신뢰 추락 등 부작용이 발생할 수 있다. 이를

방지하기 위해 직원의 의견 또는 수요 조사를 할 수 있는 절차를 마련하는 것이 좋다.

> 66 배치전환을 위한 직원 의견 수렴이나 희망 수요 조사를 할 때 실무적으로 가장 중요한 것은 철저한 비밀 보장이다. 직원이 현재 부서를 다른 부서로 옮겨달라는 표현을 공개적으로 하기는 쉽지 않다. 현재 근무하고 있는 부서 구성원과의 관계가 있기 때문이다. 잘못하면 '배신자'라는 낙인이 찍힐 수 있어서 말도 함부로 하기 어려운 경우가 있을 수 있다. 공공기관의 조직 문화는 대부분 위계질서를 존중하고 그 속에서 업무를 수행하기 때문에 개개인의 감정과 의견을 표현하기에는 어려운 한계가 분명 존재한다. 비밀이 보장되지 않을 경우 직원들은 개개인의 의견을 잘 표현하지 않기 때문에 인사쟁이는 이와 같은 조사를 할 경우에는 사전에 비밀을 보장한다는 믿음을 직원에게 줄 필요가 있다. 99

〈배치전환 수요 조사 양식〉

○ 소 속 :
○ 직 급 :
○ 성 명 :
○ 희망 부서 및 근무지

희망순위	희망 부서	희망 근무지	사 유
1	○○본부 ○○부		
2			
3			
기타 인사고충 사항			

⑵ 승진

근로자가 근로를 하는 목적은 임금을 받기 위함이고 임금은 근로자 생계유지의 원천이며 사회적 지위와 신분을 나타낸다. 승진은 임금과 직접적인 연관이 있으며 근로자가 조직 내에서 열심히 일하는 목적이기도 하다.

승진은 직급 단계가 한단계 올라가는 것으로 조직 내 직위나 직급이 오른다는 것을 의미한다. 공공기관에서는 인사규정이나 인사규정시행세칙(규칙) 등에서 승진하는 방법이나 절차 등을 표준화해 공통적으로 적용하고 있다. 공공기관의 승진 절차는 대부분 동일하다. 근무성적평정 또는 승진 시험을 통해 점수를 도출하고, 그 점수를 바탕으로 고득점자 순으로 결원 인원의 일정 배수(3배수에서 5배수 이내)로 승진 후보자 명부를 작성한다. 승진 후보자 명부가 완성되면 인사위원회에서 승진 심사를 하는데, 인사위원회 구성은 기관의 인사 규정에 구성 방법 및 심의 사항 등이 규정화되어 있다.

인사위원회는 승진 후보자를 심의·의결하고 기관장에서 승진 후보자를 추천하게 되는데, 승진 후보자로 추천된 직원이 적정하다고 판단되면 승진 임용한다. 그렇지 않다고 하면 기관장은 재심의를 요구할 수 있다. 기관의 규모나 내부 규정 등에 따라 승진 절차와 방법은 상이할 수 있으나, ① 근무성적평정 또는 승진 시험 ② 승진 후보자 명부 작성 ③ 인사위원회 심의 ④ 승진 후보자 추천 ⑤ 기관장 승인 및 승진 임용의 절차는 동일하게 적용하고 있다.

> ❝ 기관의 규모가 클 경우에는 직급별로 인사위원회를 다르게 구성해 심의할 수도 있으며 승진 방법과 절차도 직급별로 다를 수 있다. 일반적으로 직급에 따라 승진 후보자 명부를 작성하는 방법이 다른데 간부 직급으로의 승진은 근무성적평정에 다면평가를 실시하는 경우가 있고, 차장급 이하 승진에는 다면평가 대신 승진 시험(보고서, 직무 관련 전공 시험 등)을 적용하는 경우도 있다. 승진의 방법과 절차를 결정하는 것은 기관의 고유 권한으로 내부 경쟁을 통해서 우수한 인재를 선별해 승진하는 것이기 때문에 기관에 적합한 방법을 규정화해 공정하게 운영하면 된다. ❞

① 승진이 가능한 기간을 확인하라

승진하기 위해서는 해당 직급에 일정 기간 동안 근무를 해야 하는데 이것을 '승진소요 최저연수'라고 한다. 5직급 체계를 기준으로 했을 때 승진소요 최저연수는 일반적으로 다음 표와 같다. 조직 구성원의 직급별 나이와 직무 경력 등을 고려해 해당 직급에서 근무해야 하는 최소 기간을 결정한다. 승진소요 최저연수를 두는 이유는 해당자에게 직무

역량을 갖출 수 있는 시간을 주고 상급자에게는 평가의 기간을 주기 위해서이다. 하지만 승진소요 최저연수가 도래했다고 승진을 하는 것은 아니다. 이 기간은 승진을 위한 최소 요건일 뿐이다.

<그림별 승진소요 최저연수 사례>

직급	2급(부장)	3급(차장)	4급(과장)	5급(대리)
승진소요 최저연수	5년	4년~5년	3년~4년	2년~3년

② 승진할 수 있는 T/O가 있어야 한다

공공기관은 정원에 의해 인력 관리를 한다. '승진을 한다'는 것은 상위 직급에 결원(퇴사 및 미채용 등)이 발생했다는 의미로 새롭게 인력을 충원한다는 말과 같다. 새로 신설된 조직의 경우에는 경력직을 채용해 직급별 적임자를 외부에서 확보하는데, 설립된 지 5년 이상 되는 기관에서는 경력직을 외부에서 선발하지 않고 내부 승진으로 결원을 해결하고, 승진으로 인해 발생한 결원(하위 직급)을 외부에서 신입 직원 채용의 형태로 선발한다.

조직을 설립하고 일정 기간이 경과 되면 각 직급별로 필요한 인력은 외부 충원으로 조직 구성이 완료된다. 그 이후부터는 결원 소요가 발생하면 내부 구성원 중에서 승진의 형태로 내부 경쟁을 통해 인력을 확보하게 된다. 그 이유는 내부 구성원에게 승진의 기회를 부여하여 동기부여와 조직 안정 등을 이루기 위해서다.

❝ 기관이 설립된 지 5년 이상 된 기관들은 신규 인력 충원을 대부분 신입 직원 위주로 채용한다. 조직 구성이 완료된 이후에 간부급 또는 중간 관리자급에서 개인 사유로 퇴사(이직)하는 경우와 자격을 갖춘 인재가 없어 미충원해 결원이 발생할 경우 등은 경력직 직원을 선발하지 않고 공석으로 두는 경우가 많다. 그리고 기존 구성원이 승진할 수 있는 기간이 도래할 때 승진의 방법으로 그 결원 자리를 채우게 된다. 외부에서 경력직을 선발하지 않는 이유는 내부 직원들의 불만이 존재할 수 있기 때문이다. 외부에서 경력직으로 간부급이나 중간 간부급을 선발할 경우, 그 자리를 염두에 두고 열심히 업무를 수행했던 구성원들은 승진 기회를 상실하기 때문에 내부 반발이 있을 수 있다. 그래서 대부분의 기관에서는 특수한 직무에 한해서만 경력직으로 신규 직원을 채용하고 그 외에는 대부분 내부 승진의 절차를 통해서 상위 직급 결원을 충당하고 있다. **❞**

③ 승진 절차를 준수해야 한다

승진이란 행정 행위는 공정성과 객관성이 담보되어야 조직 구성원이 동의를 할 수 있고 뒷말이 나오지 않는다. 사전에 정해진 규정에 따라 평가하고 그 평가 결과를 바탕으로 인사위원회에서 심의·의결해 기관장이 최종적으로 승인을 해야 한다. 특히 승진은 절차적 하자가 발생하면 내부 구성원의 불만이 발생할 수 있는데, 승진 관련 업무를 추진하기 전에 관련 규정과 절차, 방법 등에 대해서 세밀한 검토와 협의 과정이 필요하다.

인사쟁이가 승진 업무를 할 때 가장 먼저 확인해야 할 사항은 승진 관련 규정을 정확하게 숙지하는 것이다. 기관마다 규정에 명시되어 있는 사항이 다를 수 있으나, 공공기관은 국가 공무원 조직에서 시행하는 승진 절차를 준용하는 경우가 많기 때문에 국가 공무원의 승진 제도를 사전에 공부해 두는 것도 하나의 방법이다.

승진 심사를 하기 위해서는 승진 후보자 명부를 작성해야 하는데 그 명칭은 기관마다 상이할 수 있다.(승진 대상자 심사 명부, 승진 후보자 서열 명부 등) 승진 후보자 명부를 작성하기 위해서는 전제 조건이 있는데, 명부에 올라가는 인원을 어떠한 방법으로 선정할지를 확인해야 한다. 보통은 결원 인원의 3배수에서 5배수를 명부에 작성하는데 한 예로 1명의 승진 결원이 발생할 경우에는 5배수, 5명의 승진 결원이 발생할 경우에는 3배수로 결정하는 방식이다. 이는 규정으로 표준화되는 경우가 많으며 그렇지 않을 경우 기관 차원의 계획에 반영해 추진해도 무방하다.

승진 후보자 명부에 일정 배수의 명단을 올리기 위해서는 평가라는 행위를 통해서 그 결괏값을 반영해 후보자를 선정해야 한다. 평가 방법은 근무성적평정이나 시험의 방식 등이 있다. 시험의 종류와 방법 등에 따라 각각 적용 비율이 결정되고 그 비율에서 도출한 값을 기준으로 고득점자 순으로 일정 배수에 해당하는 직원을 승진 후보자 명부에 작성한다. 평가 방법에 대해서는 근무성적평정에서 자세하게 설명하도록 하겠다.

승진 후보자 명부가 작성되면 인사위원회에서 심의를 한다. 인사위원회에서 어떻게 심의하는지는 기관마다 다르지만 통상적으로 승진 후보자 명부에 등록된 고득점자에 대해서 근무 성적 외의 평가 요소(음주, 징계, 출퇴근 현황, 주변 평판 등)를 반영해 내부 토론을 통해 승진 후보자를 결정한다. 이때 승진 명부상 서열은 바뀔 수 있으며 2순위자가 1순위자를 대신해 최종 승진 후보자가 될 수 있다. 승진 후보자 명부상 서열은 그간의 평가 결과를 종합한 결괏값이기 때문에 그 순위가 바로 승진을 의미하는 것은 아니다. 다만 서열 순위가 변경될 때에는 그에 합당한 이유가 있어야 하고 인사위원회 회의록이나 의결서에 그 이유를 작성해야 한다.

인사위원회에서 최종 승진 후보자를 기관장에게 추천하면 기관장은 최종 승진자를 결정한다. 일반적으로 특별한 하자가 없으면 대부분 승진 임용한다. 다만 기관장이 추천된 승진 후보자를 적임자로 인정하지 않을 경우 그 사유를 명시적으로 작성해 인사위원회에 재심의를 요청할 수 있다. 기관장의 재심의 요구가 있을 경우 인사위원회는 해당 안건에 대해서 심의·의결해야 한다.

  ❝ 인사위원회에서 최종적으로 승진 후보자를 추천할 때 기관장이 반려하고 재심의를 요청하는 경우는 극히 드물다. 왜냐하면 승진 후보자 명부에 필요한 각종 평가를 기관장이 주관해서 진행하고, 각 단계별 평가 과정에서 기관장에게 그 결과가 보고되기 때문이다. 인사위원회의 독립적 운영을 위해서 기관장이 인사위원회에 개입하여 의견을 개진할

수는 없지만, 기관 차원에서 필요한 인력이 누구이고 조직 내 평판이나 분위기 등을 인사위원들과 공유하기 때문에 기관장이 인사위원회의 추천자를 거부하는 경우는 극히 드물다. 다만 심사 과정에서 발생하지 않았던 사항이 차후에 확인되는 경우는 예외로 하겠다. 예로 음주운전을 했다거나 형사 고소나 기타 상위 기관에서 감사로 인한 징계 처분이 내려오게 되면 기관장은 승진 후보자에 결격 사유가 있다고 판단해서 재심의를 요구할 수 있다. **"**

〈승진 심사 추진 계획 사례〉

■ **추진 배경**
∘ 기관 설립 이후 임용된 직원 중 승진소요 최저연수를 초과한 직원에 한해 승진 심사를 추진하고자 함
  * 관련 근거 : 「인사규정」, 「인사규정시행세칙」, 「근무성적평정시행세칙」

■ **승진 원칙**
∘ 결원에 대한 공석은 내부 승진을 원칙으로 함
∘ 승진은 승진소요 최저연수 기간이 도달한 자 중에서 근무성적평정, 경력 등 능력과 실적에 의하여 작성한 승진 후보자 명부 작성
∘ 승진 심사는 승진 정원의 3배수 범위 내에 있는 자를 근무성적평정 결과, 당해 직급에서의 근무 연수, 승진 후보자 명부상의 순위 등을 고려하여 인사위원회에서 적격성 심사

■ **승진 정원**

구분	합계	간부직(2급)	중간관리직(4급)	실무직(5급)
행정직	○○명	○명	○명	○명
기술직	○○명	○명	○명	○명
총계	○○명	○명	○명	○명

▣ 승진 심사 추진 계획

① 승진 후보자 명부

o 승진 후보자 명부 작성 기준

  – 직급별 승진소요 최저연수를 초과한 직원 중 해당 직급에서 평가받은 근무성
    적평정 점수를 세칙에 따라 연도별 비율을 적용해 작성

o 직급별 승진 후보자 명부

구분		승진정원	직급별 승진소요 최저연수 초과자	승진후보자 명부 포함자
행 정 직	2급	○	○○	○
	4급	○	○○	○○
	5급	○	○○	○○
기 술 직	2급	○	○○	○
	4급	○	○○	○○
	5급	○	○○	○

  * 서열 명부 작성 대상자별 세부 현황은 붙임 참조

② 인사위원회 심의

o 직급별 승진 후보자 명부에 포함된 대상자 적격성 심사

  – 근무성적평정결과의 평정 결과

  – 당해 직급에서의 근무 연수, 승진 후보 명부상의 순위

o 심의 결과, 승진 정원에 따라 직급별 승진 후보자를 기관장께 추천

③ 승진 후보자 승인

o 기관장은 인사위원회에서 추천한 승진 후보자 승진 임용

  * 인사위원회에서 승진 후보자로 추천한 대상자가 부적합하다고 판단되면 재심의를
    요청할 수 있음

▣ 추진 일정

o ('○○.○○.○○.) 승진 후보자 명부 작성

o ('○○.○○.○○.) 인사위원회(승진) 개최 및 승진 후보자 발표

○ ('○○.○○.○○.) 인사 발령

붙임 승진 후보자 명부(안) 1부. 끝.

(3) 징계

공공기관은 모든 업무를 정해진 표준 매뉴얼로 정형화된 행정 절차에 따라 업무를 추진한다. 정해진 규정대로 업무를 수행하지 않고 임의대로 개개인의 판단과 편의로 업무를 추진하다 기관에 손해가 발생하거나 다수의 피해자가 생기면 피해의 경중과 과실 여부 등을 고려해 징계처분을 하게 된다. 또한 업무 외적으로 공공기관 직원은 품위를 지켜야하는 규정이 있기 때문에 '성' 관련 문제나 음주 사고 등이 발생하면 내부 규정에 따라 징계 처분을 받을 수 있다. 기관 이미지에 손상을 가하는 행동을 할 경우에 그에 상응하는 처분을 받는다.

① 징계는 사유가 있어야 한다

'징계하는 것'은 구성원의 신분상 제재를 가하는 것이기 때문에 징계사유가 명확해야 한다. 개인적인 감정에 따라 징계를 적용할 수 없기 때문에 인사 규정이나 기타 규정의 징계 사유(양정기준)에 해당할 경우에 한해 징계를 할 수 있다. 그래야 징계를 받는 당사자도 징계 처분에 대해 이해하고 수긍할 수 있다. 명확한 기준 없이 상황에 따라 징계 처분 결과가 달라질 경우에는 징계 대상자 입장에서는 쉽게 수용하기 어렵고, 이에 불복해 법적 문제로도 확대될 수 있다.

② 징계는 절차가 중요하다

징계는 규정에 따라 절차대로 진행해야 한다. 절차대로 징계를 하지 않을 경우에는 절차상 하자로 인해서 징계 처분이 무효가 될 수 있다. 징계의 일반적인 절차는 ① 징계 대상자의 비위 또는 징계 사유 발생 시 ② 징계 요청권자인 기관장이 징계위원회 개최를 요청(징계 사유 사실 확인)하고 이에 따라 ③ 징계위원회를 구성해 대상자에 대한 ④ 징계 여부 심의 후 징계 수위를 결정하고 기관장에게 결과를 통보한다. ⑤ 기관장은 징계위원회 결과 통보를 받으면 징계 처분을 집행한다. 기관장은 징계 처분에 대해서 대상자에게 처분 사실을 통지하고, 대상자는 그 사실을 인지한 날로부터 일정 기간 안에 새로운 사실의 발견이 있을 경우 재심을 신청할 수 있다. 재심을 하지 않을 경우 징계 처분은 확정된다.

> **"** 징계 대상자가 징계 사유에 해당하는 행위를 했을 때 기관장은 징계위원회에 대상자에 대한 징계 처분 요구를 해야 하는데, 징계 사유는 내부적인 업무 수행상 발생한 문제로 징계를 할 수 있지만 외부적으로 발생한 문제에 대해서도 징계를 요청할 수 있다. 그 대표적인 것이 '성 매매', '성폭력', '성추행 및 성희롱', '음주 운전' 등이다. 이러한 행위를 해 공공기관 직원으로서 품위를 손상시키고 기관의 위상을 떨어트리는 행동을 한 것에 대해서 징계를 요청할 수 있다. 최근에는 '성' 관련 문제나 음주 운전이 발생하면 징계 최고 수준인 파면까지도 하는 경우가 다수 있다. **"**

③ 징계위원회는 외부 위원을 과반수 이상으로 구성한다

기관장의 징계 처분 요구가 있을 때 징계 대상자에 대한 징계 심의와 처분 결정은 징계위원회에서 한다. 징계위원회는 인사위원회와 같은데 다만 징계를 위한 인사위원회는 그 구성을 일반적인 인사위원회와는 다르게 한다. 징계위원회의 공정성 확보를 위해서 위원회 구성의 과반수 이상을 외부 위원으로 한다. 내부 위원으로만 징계위원회를 구성할 경우 전문성이 떨어지거나 동정적 징계 처분이 있을 수 있어, 이를 방지하기 위해 외부 위원의 수를 내부 위원보다 많게 구성한다.

징계위원회 구성은 7명 이내로 하는데 내부 위원 3명, 외부 위원 4명으로 구성한다. 내부 위원은 행정 업무를 총괄하는 임원급과 실장급(1급), 그리고 직원의 입장을 대변할 수 있는 내부 직원(노동조합 위원장이나 간부, 노동조합이 없을 경우에는 근로자 대표)으로 하고, 외부 위원은 변호사 또는 노무사, 인사 전문가 위주로 선정한다. 징계위원회 위원은 2년 임기로 위촉되고 개인적 사유로 위원 임무 수행이 제한될 경우에는 다른 위원으로 위촉한다. 다만 징계 처분 이후 재심이 있을 경우 구성되는 징계위원회는 기존 위원회와 다르게 위원을 구성해야 한다.

④ 해임과 파면, 정직 등 용어 정의를 이해해야 한다

공공기관의 징계 종류는 국가 공무원과 동일하다. 기관에 따라 '강등' 처분이 있는 기관도 있고 없는 기관도 있는데, 일반적으로 징계의 종류는 비위의 경중에 따라 경징계인 견책, 감봉과 중징계인 정직, 강등, 해임, 파면이 있다. 경징계인 '견책'은 과오에 대하여 훈계하고 회개하는 것이고 '감봉'은 3개월 이하의 기간 동안 급여를 감하는 징계이다. 중징계인 '정직'은 3개월 이내에서 직원 신분은 유지하면서 직무에 종사하지 못하며 보수의 전부 또는 일부를 감하는 징계이고, '강등'은 직원의 신분을 유지하면서 한 등급 이하로 낮아지는 것이다. '파면'과 '해임'은 직원의 신분을 박탈하는 징계이다.

징계와 관련해서 인사쟁이가 고민해야 할 사항은 다음과 같다. ✎

첫째, 국가 공무원과 공공기관 직원은 적용받는 법령이 다르기 때문에 발생하는 문제가 있다. 공무원은 「국가공무원법」을 적용받지만, 공공기관 직원은 「근로기준법」 적용을 받는다. 우선 '감봉'의 경우 국가 공무원은 보수의 1/3을 감하도록 되어 있고, 일부 공공기관에서도 이와 동일하게 규정하고 있다. 이는 「근로기준법」 제95조 위반 소지가 있다. 근기법에서는 1회의 금액이 평균임금의 1일분의 2분의 1을, 총액이 1임금 지급기의 임금 총액의 10분의 1을 초과하지 못하도록 규정되어 있고, 이를 위반했을 경우 500만 원 이하의 벌금을 줄 수 있도록 규정하고 있다. 기관의 내부 규정이 국가 공무원과 동일하게 되어 있어 보수의 1/3을 감하고 보수를 지급했을 경우에는 징계 대상자가 부당함을 제기(노동위원회 등)할 수 있다. 그럴 경우 해당 부분은 무효가 될 가능성이 높고 「근로기준법」에 따라 감액분을 정산해 지급해야 한다.

두 번째, 파면·해임과 해고의 관계이다. 국가 공무원의 경우에는 파면과 해임을 구분해 징계를 하는데 그 이유는 파면 처분을 받으면 5년간 공무원 임용이 제한되며 퇴직 급여의 1/2이 감액되고, 해임 처분 시에는 3년간 공무원 임용이 제한되고, 금전 비리로 해임된 경우에는 퇴직 급여의 1/4을 감액하도록 되어 있다. 하지만 공공기관에서는 이와 같은 징계를 할 수 없다. 우선 파면과 해임은 근로관계를 해지하는 의미로「근로기준법」의 해고와 같아 파면과 해임을 공공기관에서 구분하는 것은 큰 의미가 없다. 근로자의 과실로 인해 해고 사유가 발생하여 정상적인 징계 절차에 따라 해고 처분을 해도 근로자가 받아야 하는 퇴직금에는 영향을 미치지 못한다. 근로자가 직무상 고의로 기관에 손해를 입혔다면 퇴직금 전액을 근로자에게 지급한 이후에 손해배상청구 등의 절차로 문제를 해결해야 한다.

인사쟁이는 징계와 관련해서 국가 공무원과 공공기관과의 차이를 정확하게 이해하고 업무를 해야 차후 발생할 수 있는 문제를 사전에 예방하고 대응할 수 있다.

> 66 직권면직이란 용어가 국가 공무원이나 공공기관에서도 많이 사용하고 있다. 직권면직할 사유 발생 시 기관장의 직권으로 그 직을 면하게 하는 것으로 이는「근로기준법」상 해고를 의미하는데, 국가 공무원의 경우「국가공무원법」에서 직권면직을 할 수 있는 법적 근거가 있지만, 공공기관 직원은 직권면직을 내부 규정에 근거하고 있어 직권면직으로 해고를 바로 할 수는 없다. 직권면직을 할 만한 사유가 있을 경우 징계 절차에 따라 징계 처분을 해야 하고, 그렇지 않고 해고할 경우 부당 해고의 소지가 있다. 이런 점이 국가 공무원과 공공기관 직원과의 차이다.

일반적으로 공공기관에서 직권면직이란 용어와 같은 의미는 대기발령
이나 직위해제 정도이다. 직무를 하지 못하게 하고 징계 사유에 따라 처
분할 동안 해당 직무를 부여하지 않는 것이다. **”**

⑤ 징계 처분이 공공기관 개인의 신상에 주는 영향

징계 처분은 그에 따른 직접적인 영향도 있지만 간접적인 영향도 크
다. 징계 처분의 수위에 따라 승진이나 평가, 포상 등에 일정 기간 영향
을 주기 때문이다.

승진의 경우 징계 처분의 집행이 종료된 날로부터 징계 처분의 종류
에 따라 일정 기간 동안 승진이 제한된다. 예로 정직 처분을 받으면 정
직 처분 기간이 종료된 날로부터 1년 6개월간은 승진 후보자가 될 수 없
다. 그리고 징계 처분의 말소라는 것이 있는데 일정 기간이 지난 후에
야 개인 인사기록카드에서 징계 처분을 받은 기록이 삭제된다. 일반적
으로 정직은 7년, 감봉은 5년, 견책은 3년 정도이다. 기관에 따라 다르
지만 징계 처분이 말소되어도 승진을 위한 인사위원회에서 참고자료로
인사 위원에게 제공될 수 있어 징계 처분은 승진에 상당한 영향을 줄 수
있다.

이 외에도 평가를 받을 때 징계 여부는 정성평가 시 평가자에게 영향
을 줄 수 있고, 포상 추천도 징계 처분의 종류에 따라 일정 기간 동안
포상 추천이 제한된다. 징계 처분은 공공기관 직원에게는 인사상 불이
익이 많기 때문에 업무 수행에 주의를 기울여야 한다.

❝ 징계의 감경이라는 것이 있다. 징계 사유가 발생하여 징계 처분을 받아야 할 때 포상을 받은 기록이 있으면 그에 상응하게 징계 처분 수위가 낮아질 수 있다. 예로 감봉 1개월을 받았을 경우 징계 대상자가 장관 표창을 받은 기록이 있으면 장관 표창으로 징계 처분 수위를 한 단계 낮춰 견책을 받을 수 있는 것이다. 다만 금품 및 향응 수수, 공금의 횡령·유용에 따른 징계, 성폭력·성매매·성희롱, 음주 운전으로 인한 징계는 감경에서 제외된다. **❞**

⑥ 주의와 경고

징계 처분을 할 정도의 사항은 아니지만 규정 위반을 했고 일정 수준의 제재를 해야 할 필요가 있을 때 주의 또는 경고를 하게 된다. 주의와 경고 중에서 어느 처분이 중하고 경한지를 말하기 어려우나 경고를 2년간 3회를 받을 경우에는 징계위원회에 회부하여 징계 처분하게 된다.

주의와 경고는 기관장이 별도의 징계위원회 심의 없이 재량권의 범위 내에서 행할 수 있는 처분으로 주의장 또는 경고장 발부를 통해 경각심을 갖도록 하는 것이다. 부서장이 업무가 미숙하거나 지시불이행을 한 직원에게 시말서 또는 경위서를 받는 경우가 있는데 이 또한 권한과 책임이 있는 부서장이 해당 직원에게 주의를 주는 행위로 볼 수 있다. 시말서 또는 경위서를 작성하는 빈도가 많아질수록 징계 사유가 축적되는 것이다.

❝ 공공기관 징계업무를 수행하면서 가장 고민스러운 부분이 바로 재심 관련 사항이다. 재심은 징계처분을 받은 당사자가 징계결과에 불복해 다시 심의를 받는 제도이다. 실무를 하다보면 징계처분에 불복하는 경우가 간혹 있는데 당사자 입장에서는 억울할 수도 있고 처분이 과하다고 생각해 경감하고자 재심을 신청하는 경우가 있다. 공공기관의 규모에 따라 재심징계위원회를 구성하는 방법과 절차가 상이할 수 있으나 일반적으로 해당 기관에서 재심징계위원회를 구성해 진행하게 된다. 여기서 고민해야 할 부분이 1차 징계처분의 당사자는 해당 기관 기관장인데 재심에 따른 결과를 처분하는 결정권자도 해당 기관장이라는 것이다. 원안의 징계결정권자가 재심에서도 동일한 의사결정을 하는 주체가 되기 때문에 재심을 했을 때 과연 안건의 증거나 증언이 변동 없는 상태에서 처분의 결과를 변경할 수 있을지에 대한 의문이 생긴다. 즉, 재심의 실효성 문제가 발생한다. 그래서 제3의 기관에서 공공기관 임직원의 재심에 대한 문제를 다뤄야 하지 않을까 하는 생각이다. ❞

02 근무성적평정

공공기관 직원은 직무 수행 실적이나 성과에 대한 평가를 정기적으로 받는다. 평가 결과에 따라 등급이 결정되고 결정된 등급은 보수나 승진 등에 활용한다. 공공기관에서는 근무성적평정이란 용어로 많이 사용하는데 평가 체계를 부르는 용어는 기관마다 상이하다. 인사고과, 인사평가, 근무평가 등 다양하게 부르고 있다. 일반적으로 근무성적평정은 여러 방법의 평가를 종합적으로 부르는 말로 이해하면 된다.

근무성적평정은 규정에 근거하여 추진 계획을 수립해야 한다. 추진 계획은 인사위원회에서 심의·의결하고 기관장의 결재를 득한 후 시행하게 된다. 계획에는 평가 원칙, 평가 기간, 피평가자(직급 및 직군별), 평가자, 평가 방법 및 종류, 피평가자 배분표, 평가별 반영 비율 등을 반영한다.

근무성적평정에는 정성평가, 정량평가, 교육훈련평가, 다면평가, 경력평가, 가감점 평가 등이 있다. 이외에도 기관에 따라 다양한 평가 방법을 적용하는데 일반적으로 활용하는 평가 방법에 대해서 설명하도록 하겠다.

(1) 정성평가(인사평가, 하향식 평가)[11]

평가의 기본은 나를 기준으로 상위 보직자가 평가하는 것이다. 이를 하향식 평가라고 하는데 정성평가는 상급자가 나를 평가하는 것으로 평가 항목에 대해서 평가자가 주관적인 관점에서 평가하는 방법이다. 직급과 직군에 따라 평가 항목에 차이가 있고 평가 항목별 설명서 또는 정의서가 있다. 하나의 평가 항목은 5점~10점 척도로 되어 있어 평가자가 항목별로 정의서를 보고 피평가자를 평가한다. 피평가자는 자기기술서 또는 업적기술서 등을 통해 평가 기간 동안 업무했던 성과나 실적 등을 상급자에게 알릴 수 있는 자료를 작성해 평가자가 올바르게 판단

---

11 공공기관에서 시행하고 있는 대부분이 정성평가 즉 인사평가는 역량평가를 기본으로 하고 그 속에 서열법과 점수법을 반영해 제도를 설계해 시행하고 있다. 평가자가 평가대상자에 대해서 직급별(간부급, 비간부급) 필요한 역량을 추출해 역량별 정의를 하고 그 역량에 따라 일정한 점수를 분포해 점수를 줘 서열을 구분하는 방식이다.

하고 평가할 수 있도록 해야 한다.

평가자는 1차 평가자에서부터 3차, 또는 4차까지 이루어지는데 공공기관에서는 3차 평가자까지 진행하는 것이 일반적이다. 즉 차·과장급 이하는 1차 평가자는 해당 부서의 장, 2차 평가자는 해당 '실' 단위의 장, 3차 평가자는 임원 평가자가 된다. 기관의 규모가 작고 신설 기관인 경우에는 최종 평가자가 기관장이 되는 경우도 있다. 이는 기관에서 결정할 사항으로 평가자가 많아질수록 평가 점수의 왜곡을 방지하는 효과는 있다. 다만 기관장이 직원에 대해서 충분한 사전 지식이나 대인 관계가 형성되지 않으면 평가를 제대로 하지 못하는 문제도 있다.

❝ 직급과 직군에 따라 평가군에 차이가 있고 평가단계별로 반영 비율이 다르게 된다. 3차 평가를 기준으로 1차는 직속 상급자이기 때문에 평가자의 점수를 100점 만점 기준으로 40% 정도 반영하고 2차 및 3차 평가자는 각각 30%를 반영하여 합이 100점이 될 수 있도록 한다. **❞**

〈평가 단계별 반영 비율표 사례〉

구분	1차(직속 상급자)	2차(차상위 상급자)	3차(차차 상위 상급자)
1급(실장)	임원급 본부장(60%)	기관장(40%)	
2급(부장)	해당 '실' 단위(40%)	임원급 본부장(30%)	기관장(30%)
3급(차장)이하	해당 부서의 장(40%)	해당 '실'의 장(30%)	임원급 본부장(30%)

* 조직은 '본부 – 실 – 부' 체계이고 직급 체계는 5직급일 때 정성평가 사례

평가 방법은 상대평가를 원칙으로 한다. 절대평가를 할 경우 점수가 높은 점수에 분포되어 변별력이 떨어질 수 있어, 상대평가를 통해 점수 분포를 강제 배분해야 점수의 집중 현상을 방지할 수 있다. 평가자가 점수를 부여할 때는 '수 – 우 – 미 – 양 – 가'로 5단계 점수를 줄 수 있도록 범위를 설정하고 피평가자의 수에 따라 단계별로 점수를 줄 수 있는 배분표를 작성해야 한다. 그리고 평가자가 피평가자들에게 줄 수 있는 평균값(기준값)을 부여하여 평가의 오류(집중화, 관대화 등)를 예방해야 한다.

〈각종 사례 예〉

■ 평가자가 피평가자에게 줄 수 있는 점수의 범위

구분	수	우	미	양	가
점수	100점~93점	92점~85점	84점~78점	77점~70점	69점~62점

■ 평가자의 평균 점수 적용 방법
• 평가자 : 평가 대상자가 2명일 경우
 − 피평가자 2명의 총점은 162점이고 평균값이 81점이어야 함

구분	점수	피평가자					총점	평균값
		수	우	미	양	가		
평가자	평가점수	−	88	−	74	−	162	81
		−	−	83	79	−	162	81

* 평가 대상자 2명에게 동일 점수(81점)를 부여할 수 없음

▣ 피평가자 인원별 배분표

평가등급	피평가자													
	1명	2명	3명	4명	5명	6명	7명	8명	9명	10명	11명	12명	13명	14명
수	–	–	–	1	–	1	–	1	–	1	–	1	–	1
우	–	1	–	–	1	1	2	2	2	2	3	3	4	4
미	1	–	3	2	3	2	3	2	5	4	5	4	5	4
양	–	1	–	–	1	1	2	2	2	2	3	3	4	4
가	–	–	–	1	–	1	–	1	–	1	–	1	–	1

_____ 피평가자의 수에 따라 발생할 수 있는 경우의 수는 많으나 2~3개 정도의 배부표를 적용하는 것이 합리적임.

(2) 정량평가(성과 평가)

평가는 평가자가 주관에 의해 점수를 부여할 수 있는 정성평가와 수치로 평가하는 방법인 정량평가가 대표적이다. 정량평가는 바로 수치로 점수를 부여하는 평가로 사전에 일정한 기준을 마련하고 그 기준 달성 여부에 따라 점수를 산정하는 평가이다. 정량평가는 개인과 부서 단위로 평가할 수 있는데 가장 많이 활용하는 평가 기법은 목표관리제 Management By Objectives이다.

목표관리제는 성과 있는 직무를 수행하기 위해 다양한 형태로 활용되고 있으며, 공공기관에서도 개인 평가 또는 부서 평가를 할 때 유용하게 활용하고 있다. 기관의 설립 목적과 비전을 고려하여 부서별·개인별 핵심성과지표 Key Performance Indicator를 마련하고 평가위원회에서 지표별

가중치를 부여해 지표 설명서를 완성한 후 평가 기간 동안 달성 여부를 확인해 점수를 부여하면 된다.

목표관리제를 시행할 때 가장 힘든 과정이 지표 선정과 가중치를 부여하는 방법이다. 지표를 선정하기 위해서는 기관 전체에 영향을 주는 지표 즉 공통 지표와 해당 부서 또는 개인에게만 적용될 수 있는 고유 지표를 따로 만들어야 하고, 그 지표별로 난이도에 따라 가중치를 부여하게 된다. 가중치를 부여할 때는 공정성과 객관성을 유지하기 위해 평가위원회를 구성해 심의·의결 절차를 거쳐야 지표에 대한 공신력이 생겨 평가의 공정성을 확보할 수 있다.

❝ 공공기관은 정부 주관의 경영평가를 받는데, 경영평가를 받을 때 적용하는 계량 지표와 비계량 지표를 정량평가 지표로 활용하는 경우도 있다. 경영평가에 적용하는 평가지표는 기관의 미션과 비전, 전략목표 등을 고려해 각 부서별로 수행해야 하는 핵심 성과를 지표로 만들기 때문에 대단위 부서('본부' 또는 '실'·'단' 단위)를 평가하는데 중요한 지표로 활용할 수 있다. 다만, 경영평가 지표는 '부(팀)' 단위 부서 평가와 개인 평가 지표로 적용하기에는 다소 무리가 있기 때문에 '부(팀)' 단위 부서 평가 지표와 개인 평가 지표는 별도로 만들어 평가 반영 점수 비율을 조정해 정성평가를 실시하는 것이 좋다. **❞**

〈공공기관 내부 구성원 평가체계(안)〉

근무성적평정

인사평가(정성평가)		성과평가(계량평가)		
역량평가	업적평가	부서평가		개인평가
공통역량 / 리더십 역량	개인 업무실적	계량	공통지표	목표관리제
			고유지표	
직무역량		비계량	실적평가 (보고서)	

인사부서 영역	기획부서 영역

최종 관리 : 인사부서 영역
(승진 및 보수 적용, 종합관리)

- 인사평가와 성과평가 외에도 교육평가, 가감점평가, 경력평가 등 추가적인 평가요소 반영 가능
  * 인사평가는 기본적으로서 서열평가라고 이해하면 된다. 상위보직자가 개인적인 주관에 따라 각종 역량을 평가하기 때문에 평가대상자의 그간의 업무실적, 근무태도, 주변관계 등을 두루 확인·점검하고 평가해 점수화한다.

- 평가별 점수 반영비율은 기관마다 다르며 어느 부분을 기관에서 중요하게 판단하느냐에 따라 차이가 있다. 초기 기관은 성과지표(계량지표)를 고도화하지 않았기 때문에 평가의 공정성과 객관성을 위해 인사평가 반영 비율을 높일 수 있고, 성과지표를 고도화하여 객관적인 지표 반영 비율을 높이자는 구성원의 의견이 많을 경우 성과평가 비중을 높일 수 있다.

- 성과평가 내 개인평가는 목표관리제(MBO)로 진행하는데 개인별 성과지표를 만드는 일이 어렵기 때문에 일반적인 기관에서는 개인평가에 의한 성과지표는 만들지 않고 있으며 부서평가만 반영하여 성과평가를 진행하는 경우가 대부분이다.

- 인사평가와 성과평가는 승진과 보수 결정에 영향을 미친다. 두 평가의 결과값을 일정한 비율로 합산하여 승진과 보수에 적용할 수도 있고 인사평가는 승진, 성과평가는 보수에만 적용할 수도 있다. 이는 각 기관의 내규에 규정하는데 어느 방법이 합리적인지는 기관의 여건에 따라 결정하면 된다.

※자료: '공공기관 기획쟁이 따라하기'(휴앤스토리, 2023)

평가위원회의 이름은 기관에서 정량평가를 어떤 명칭으로 사용하는지에 따라 다양하지만 일반적으로 성과평가위원회라고 한다. 정량평가를 성과 평가로 인식하는 경향이 강하기 때문이다. 평가위원회는 기관 규모에 따라 위원 구성이 차이가 있는데 100명 전후의 기관에서는 기관장을 위원장으로 하고 위원은 각 사업 총괄 임원들과 외부 위원 등으로 5명 이내에서 구성한다.

〈일반적으로 적용하는 핵심 성과지표 사례〉

■ 공통 지표

KPI	예산 전용	지표 유형	■공통 □고유	
지표 정의	효율적 예산 관리	목표측정주기	■연간 □반기 □분기	
		가중치	0.8	
산신	100−Σ(예산전용건×5점)			
내역	• 전용 건수 '0'을 기준 • 100점 만점을 기준으로 예산 전용 발생 시 −5점 감점			

KPI	제안 건수 및 채택률	지표 유형	■공통 □고유	
지표 정의	기관 및 개인 역량 강화를 통한 기관 비전 달성	목표측정주기	■연간 □반기 □분기	
		가중치	1	
산신	〔(제안실적/부서원수)×30〕+〔(채택건수/제안건수)×70〕			
내역	• 구성원 모두 연간 1회 이상 제안 실적 제출 의무화 • 부서 단위 성과 측정(산식은 부서 평가에 반영)			

■ 고유 지표

KPI	정보시스템 정상운영률	지표 유형	■공통 □고유	
지표 정의	정보시스템 오류율을 낮추고 정보이용의 효율성을 높이기 위함	목표측정주기	■연간 □반기 □분기	
		가중치	0.7	
산신	〔(365일×24시간−오류시간/365일×24시간)×100〕			
내역	• 정보시스템 오류 제로화 추진 • 정보시스템 오류에 따른 업무 지연 최소화			

(3) 교육훈련평가

공공기관은 직원의 역량 강화를 통해 기관의 발전을 추구하기 때문에 매년 일정한 예산을 직원 교육훈련비로 배정하고 있다. 그 예산을 바탕으로 연간 교육훈련 계획을 수립하는데 교육훈련의 성과를 높이기 위해서 '교육이수제'라는 제도를 운영한다. 직급별로 일정 수준 이상의 교육 시간을 이수하도록 하고 그 이수 시간을 평가와 연동시키는 것이다.

❝ 교육훈련평가 교육이수제와 같이 직급별로 기준을 설정하고 달성 여부에 대해 평가 방법, 교육 건별 성과를 측정해 평가하는 방법, 교육 참여율을 평가하는 방법 등 다양한 방법을 적용할 수 있다. 어느 방법의 옳고 그름의 문제가 아니기 때문에 평가 지표는 기관에서 구성원의 의견을 수렴해 선택하면 된다. **❞**

'교육이수제'는 직급별 의무 교육 시간을 교육훈련 계획에 반영하고 100점 만점을 기준으로 미달했을 경우에 이수 시간만큼 비례하여 점수를 차감한다. 예로 4급은 연간 80점 이상의 교육 시간을 이수해야 하는데 피평가자가 연간 77시간을 이수했을 때 피평가자의 점수는 96.25점이다.(계산산식 : 77점/80점×100= 96.25점)

〈직급별 의무 교육 이수 시간〉

구분	1급	2급	3급	4급	5급
이수 시간	50시간 이상	70시간 이상	80시간 이상	80시간 이상	100시간 이상

_____ 직급별 의무 교육 이수 시간은 전 직급을 동일하게 적용할 수도 있고 업무의 책임과 권한, 업무량 등을 고려해 직급별로 차등 적용할 수 있다.

⑷ 경력평가

경력평가는 근속연수에 대한 배려에서 생긴 평가 방법으로 승진을 위한 평가에만 적용하고 있다. 경력평가는 해당 직급에 근무한 기간을 점수화하여 오랜 기간 근무한 직원에게 그 기간만큼 점수를 부여한다. 점수 부여 방법은 기관마다 차이가 있는데 해당 직급 승진소요 최저연수를 기준으로 그 기준을 도달하면 50점이고, 이 이상의 재직 기간은 월(15일 기준)별로 1점씩 점수를 부여한다. 예로 5급에서 4급으로 승진할 수 있는 승진소요 최저연수가 3년이고 피평가자가 4년을 해당 직급(5급)에서 재직했다고 가정하면 피평가자의 경력평가 점수는 62점이 된다.

〔50점(승진소요 최저연수 3년 도달)+12점(매월 1점 추가)=62점〕

경력평가는 연공서열을 고려해 반영한 평가 방법이다. 하지만 최근에는 직무 중심의 능력과 성과가 중요한 평가의 기준으로 자리잡아가고 있기 때문에 점차적으로 그 반영 비중은 낮아지고 있는 것이 현실이다.

⑸ 다면평가

평가 방법 중에서 가장 말도 많고 탈도 많은 평가가 다면평가이다. 장단점이 분명하게 나타나기 때문이다. 다면평가는 360도 평가라고도 하는데 나를 기준으로 상하좌우에서 평가한다는 의미이다. 앞에서 언급했듯이 기존의 평가는 상급자가 피평가자를 평가하는 것이었다. 하향식 평가는 상급자만을 바라보고 업무를 하게 되고 상급자의 주관적 편향에 따라 피평가자의 능력과 자질이 평가되어 객관적인 평가라고 말하기는 어렵다. 이를 보완하기 위해서 다면평가 방법을 많은 기관에서 도입해 적용하고 있다.

다면평가는 보통 3개의 평가단을 구성하게 된다. 상위평가단, 동료평가단, 하위평가단이다. 상위평가단은 직상급자들로 구성되며 동료평가단은 동일 직급의 동료로만 구성한다. 마지막으로 하위평가단은 내 직급보다 낮은 후임 직원들로 구성한다. 여기서 핵심은 평가단의 범위를 어떻게 설정하느냐는 것이다. 조직 구성원의 수에 따라 평가단의 범위가 설정되는데 200명 이내를 기준으로 범위를 한정하는 것이 좋다. 무한정으로 평가자 대상을 확대하는 것은 피평가자를 모르는 입장에서 '묻지마'식 평가를 할 확률이 그만큼 높아질 우려가 있다. 정확하게 피평가자를 알지는 못하지만 곁에서 얼굴은 볼 수 있는 사이까지는 평가단의 범위에 포함시키는 것이 바람직하다.

평가단의 규모는 대략 12명에서 18명 정도로 각 평가단마다 4명에서 6명으로 구성하는 게 적당하다. 다면평가 항목은 평가자가 한번 정도 생각하고 피평가자를 평가할 수 있도록 질문 형식으로 항목 설정을 하는 것이 좋다. 다면평가는 정성평가이기 때문에 개개인의 인간관계에 따라 점수를 부여할 우려가 있다. 그래서 평가자가 피평가자에 대해서 한 번 더 생각하고 평가할 수 있도록 유도하기 위함이다.

❝ 다면평가 양식은 여러 형태로 나타날 수 있다. 질문을 5개만 하고 한 항목당 배점을 20점씩 줄 수도 있고 10개의 평가 항목에 10점씩 배점을 부여할 수도 있다. 물론 그 이상의 방법도 많다. 실무적인 경험에 따르면 평가 항목의 적정 수준은 10개 정도이고 배점도 각 항목당 10점을 부여하는 게 적당하다. 이렇게 판단한 정확한 근거는 없지만 평가 항목이 적거나 많으면 질문도 보지 않고 피평가자에 대한 개인적 감정에 따라 평가할 가능성이 높다. 적당한 질문이면 평가자가 읽어보고 피평가자에 대해서 생각할 수 있는 여유가 생긴다. 평가 항목의 질문은 목표 제시 능력을 평가할 때 '제시한 목표가 조직의 비전과 일치한다고 생각하십니까?'라는 식으로 질문을 하게 된다. 피평가자가 제시한 목표를 한 번이라도 확인하고 평가할 수 있도록 하기 위해서다. **❞**

평가단은 임의 추출 방식을 통해서 구성한다. 각 평가단의 평가자에 포함된 인원을 나열한 후 임의로 평가자를 추출해 평가자를 선정하는 방식이다. 피평가자가 누가 나를 평가할지 인지하게 되면 다면평가의 공정성 문제가 발생하기 때문에 비밀 유지가 필수이다.

대부분의 공공기관은 다면평가를 외부 전문 업체에 위탁해 실시하는데 그 이유는 첫째 평가단을 구성하는 프로그램(임의 추출)을 자체적으로 만드는데 한계가 있다. 임의 추출 방식으로 평가단을 구성하기 위해서는 다면평가 평가단 구축을 위한 프로그램을 개발해야 하는데 이 영역이 전문가의 영역이라 인사쟁이가 설계하기에는 어려움이 있다. 그래서 전산 분야 전문가의 도움을 받아 프로그램을 만드는데 이럴 경우 비용이 발생하기 때문에 다면평가 자체를 외부 전문 업체에 위탁하는 것이 더 효율적이다.

둘째 자체적으로 다면평가를 진행하면 평가자가 부여한 점수에 대한 비밀 보장이 어렵다. 평가자는 피평가자에게 부여한 점수가 비밀 보장을 받을 때 개인적 소신에 따라 점수를 부여할 수 있다. 하지만 자체적으로 다면평가를 진행할 경우에는 인사쟁이에서부터 결재 라인에 있는 상급자까지 평가자가 피평가자에게 준 점수를 알 수 있다. 아는 사람이 많아지면 그만큼 비밀 보장은 어렵게 된다. 이러한 이유로 평가자는 자체적으로 다면평가를 하면 관대한 점수를 주는 경향이 있어 평가의 의미가 퇴색하는 경우가 발생한다.

그래서 다면평가는 외부 전문 기관에 위탁해 최종 결괏값만 받고 각 평가단별 평가자의 점수 값은 암호화해야 구성원으로부터 다면평가의 신뢰성을 얻을 수 있다. 예로 평가자가 5명이 있으면 임의 번호를 부여하여 평가자 1, 평가자 2, 평가자 3 등으로 표기하는 것이다. 이렇게 하면 평가자가 피평가자에게 어떤 점수를 부여했는지 알 수가 없기 때문에 비밀이 보장되는 효과가 있다.

〈다면평가 평가단 구성 방법〉

▣ 3급(차장급) 피평가자의 평가단 구성

구분	평가단 구성
상위 평가	• (평가 단위) 전 부서 • (평가단 구성) 1급 및 2급 중 5명 구성 – 해당 부서장은 제외하고, '실' 단위 1급·2급 중 2명, '실'을 제외한 해당 '본부' 단위 1급·2급 중 2명, 타 본부 1급·2급 중 1명으로 구성
동료 평가	• (평가 단위) 전 부서 • (평가단 구성) 동일 직급 동료 5명 구성 – 해당 부서 동일 직급을 제외하고, 해당 '실' 동일 직급 중 2명, 해당 '실'을 제외한 해당 '본부' 동일 직급 중 2명, 타 '본부' 동일 직급 중 1명'으로 구성
하위 평가	• (평가 단위) 전 부서 • (평가단 구성) 4급 이하 직원 중 5명 구성 – 해당 부서 4급 이하 직원을 제외하고, 해당 '실' 4급 이하 직원 중 2명, 해당 '실'을 제외한 해당 '본부' 4급 이하 직원 중 2명, 타 '본부' 4급 이하 직원 중 1명'으로 구성

▣ 임의 추출로 평가단 구성 방법(예)

구분	상위평가단 대상자			평가단 구성
소속 '실' 단위 1급 및 2급	• 홍길동 • 김가동	• 박수처 • 배칠수	임 의 추 출	박수처, 배칠수
소속 실을 제외한 '본부' 단위 1급 및 2급	• 사랑해 • 정의랑	• 심사대 • 이국적		심사대, 정의랑
타 '본부' 단위 1급 및 2급	• 웅이랑 • 옹미랑 • 조선해 • 고려해	• 고구려 • 가야국 • 백제국 • 신라국		가야국

* 평가 대상자가 규모에 따라서 몇십 명도 될 수 있고, 몇백 명도 될 수 있음

공공기관 인사쟁이 따라하기

▣ 임의 추출 방법

기관에서 자체적으로 다면평가를 실시한다면 평가단 구성을 어떻게 하느냐가 가장 중요하다. 임의 추출 방법은 다양하게 있으나, 실무적으로 많이 사용하는 엑셀 활용법에 대해서 간단하게 설명하도록 하겠다.

① 평가단 대상자에게 임의 번호를 부여하다.(개인별 1개 번호)

		A	B	C	D	E	F	G	H	I	J
1			다면 평가 평가단 구성 번호표								
3		구 분		직 위	성 명	부여번호	구 분		직 위	성 명	부여번호
4		기획조정실	기획조정실	1급	김○○	1	개발사업실	개발사업실	1급	이○○	32
5				2급	홍○○	2			2급	박○○	33
6				3급	박○○	3			3급	조○○	34
7				3급	조○○	4			3급	장○○	35
8				4급	김○○	5		사업1부	4급	장○○	36
9			기획부	4급	장○○	6			4급	김○○	37
10				5급	김○○	7			5급	홍○○	38
11				5급	홍○○	8			공무직	김○○	39
12				5급	박○○	9			2급	홍○○	40
13				무기직	조○○	10			4급	박○○	41
14				무기직	장○○	11		사업2부	5급	조○○	42
15				2급	김○○	12			5급	장○○	43
16				3급	홍○○	13			공무직	김○○	44
17				3급	박○○	14	개발		2급	홍○○	45
18		기획	인사부	4급	조○○	15	사업실		4급	김○○	46
19		조정실		5급	박○○	16			4급	차○○	47
20				5급	장○○	17			5급	홍○○	48
21				공무직	성○○	18		사업3부	5급	유○○	49
22				공무직	김○○	19			5급	박○○	50
23				공무직	홍○○	20			공무직	조○○	51
24				2급	김○○	21			공무직	장○○	52
25				3급	홍○○	22			공무직	김○○	53
26			재무부	3급	박○○	23			2급	홍○○	54
27				4급	조○○	24			3급	유○○	55
28				5급	장○○	25			3급	박○○	56
29				2급	김○○	26		사업4부	4급	조○○	57
30				4급	옹○○	27			5급	장○○	58
31			대외협력부	4급	홍○○	28			공무직	김○○	59
32				5급	사○○	29			공무직	공○○	60
33				5급	김○○	30	감사실	감사실	2급	홍○○	61
34				5급	홍○○	31			4급	위○○	62

임의 번호는 직제 순이나 직급 순으로 부여하지 않고 일정한 형식 없이 적용하는 것이 좋다. 앞에서 설명한 예는 이해하기 편하게 순서대로 번호를 붙인 것으로 통상적으로 세자리(111, 201, 321 등) 숫자를 활용하고 있다.

② 피평가자별로 평가단 예상 대상자 임의 번호표를 작성한다.

피평가자별 평가단 풀 현황

소속		직급	성명	상위평가단	동료평가단	하위평가단
기획조정실	기획부	4급	장○○	1	5	7
				2	6	8
				3	15	9
				4	24	10
				12	27	11
				13	28	16
				14	36	17
				21	37	18
				22	41	19
				23	46	20
				26	47	25
				32	57	29
				33	62	30
				34		31
				35		38
				40		39
				45		42
				54		43
				55		44
				56		48
				61		49
						50
						51
						52
						53
						58
						59
						60

③ 엑셀 함수를 이용해 랜덤함수를 부여한다.

  – 함수식 : = INDIRECT("E"&RANDBETWEEN(3,23))

  – 'F9'를 누르면 임의 번호가 추출되고 중복 번호가 없으면 확정

피평가자별 평가단 구성

소속		직급	성명	상위평가단	동료평가단	하위평가단	상위평가단	동료평가단	하위평가단
기획조정실	기획부	4급	장○○	1	5	7	1		
				2	6	8			
				3	15	9			
				4	24	10			
				12	27	11			
				13	28	16			
				14	36	17			
				21	37	18			
				22	41	19			
				23	46	20			
				26	47	25			
				32	57	29			
				33	62	30			
				34		31			
				35		38			
				40		39			
				45		42			
				54		43			
				55		44			
				56		48			
				61		49			
						50			
						51			
						52			
						53			
						58			
						59			
						60			

20○○년 ○월 ○일

확인자 : 기획조정실장   김○○(서명)
노동조합 부위원장 정○○(서명)

_____ 임의 번호 추출을 할 때, 공정성 및 객관성을 확보하기 위해서 기관 대표 1명과 노동조합 대표 1명이 입회하에 임의 번호를 추출하는 것이 가장 좋다.

④ 사용자 측과 노동조합 측 각 1명씩 입회하에 임의 추출하고 상호 서명한다.

피평가자별 평가단 구성

소속		직급	성명	상위평가단	동료평가단	하위평가단	상위평가단	동료평가단	하위평가단
기획조정실	기획부	4급	장○○	1	5	7	2	15	49
				2	6	8	1	6	58
				3	15	9	3	57	51
				4	24	10	22	62	52
				12	27	11	23	28	10
				13	28	16			
				14	36	17			
				21	37	18			
				22	41	19			
				23	46	20			
				26	47	25			
				32	57	29			
				33	62	30			
				34		31			
				35		38			
				40		39			
				45		42			
				54		43			
				55		44			
				56		45			
				61		49			
						50			
						51			
						52			
						53			
						58			
						59			
						60			

20○○년 ○월 ○일

확인자 : 기획조정실장　　김○○(서명)
노동조합 부위원장 정○○(서명)

⑤ 도출된 임의 번호를 해당자 이름으로 확인해 평가단을 확정한다.

피평가자별 평가단 현황

소속	직급	성명	상위평가단						동료평가단						하위평가단		
기획부	4급	김○○	홍○○	김○○	박○○	홍○○	박○○	조○○	장○○	조○○	위○○	옹○○	유○○	장○○	조○○	장○○	조○○
인사부	4급	조○○															
사업 1부	4급	장○○															
사업 2부	4급	박○○															
사업 3부	4급	차○○															
기획부	5급	홍○○															
인사부	5급	장○○															
재무부	5급	장○○															
대외협력부	5급	김○○															
사업 1부	5급	유○○															
사업 2부	5급	홍○○															
사업 3부	5급	유○○															

평가단이 부여한 점수를 합산하는 방법도 다양하다. 일반적인 방법은 최고점과 최저점을 제외하고 반영하는 방식과 표준 편차를 이용한 방식 등을 사용하는데 이러한 방식을 사용하는 이유는 피평가자에 대한 평가자의 평가에서 발생할 수 있는 오류를 최소화하기 위해서다.

가령 'A' 평가자는 엄격하게 평가해 평가자에게 최하 점수를 부여할 수도 있고, 관대한 평가를 하는 'B'는 높은 점수를 줄 수 있다. 보는 평가자의 관점에 따라 점수를 부여하는 것은 당연한 일이지만 극단적인 평가를 할 경우 피평가자에 대한 평가가 정당한 것이냐는 문제 제기가 가능하다. 그래서 평가단 점수 중 최고 점수와 최저 점수를 제외한 나머지 점수를 합산한 것을 결괏값으로 결정하거나 표준 편차를 활용하는 방법을 사용하기도 한다.

〈다면평가 점수 산출 방법 사례〉

구분	합계	평가자 1		평가자 2		평가자 3		평가자 4		평가자 5	
		점수	반영점수	점수	반영점수	점수	반영점수	점수	반영점수	점수	반영점수
상위평가	25.3	85	8.5	92	최고점수제외	87	8.7	81	8.1	72	최저점수제외
동료평가	23.7	84	8.4	75	7.5	100	최고점수제외	78	7.8	68	최저점수제외
하위평가	21.9	60	최저점수제외	71	7.1	78	7.8	84	최고점수제외	70	7.0
합산점수	70.9										
다면평가결괏값	78.77	최종 결괏값은 합산점수(90점 만점 기준)에서 100점 만점 기준 점수 값으로 환산해 적용									

마지막으로 다면평가는 장단점이 명확하다. 그래서 최근에는 평가의 한 요소가 아닌 참고 자료로 활용하는 추세이다. 다면평가가 정성평가이다 보니 평가의 객관성이 결여된다. 가령 피평가자 'A'를 모르는 평가자가 'A'에게 주는 점수가 과연 타당한 것인지에 대한 근본적인 의문이 생길 수 있다. 평가자는 이럴 때 대체적으로 중간 값을 주게 되는데 평가단이 어떻게 구성되느냐에 따라 피평가자의 결괏값에 영향을 미친다. 이러한 점 때문에 최근에는 평가단의 범위를 좁게 하고 피평가자가 잘하는 점이나 부족한 점 등에 대해서 주변 구성원이 생각하는 사항을 알려주는 인사 참고 자료로 많이 활용하고 있다. 다만 간부급(부장이나 팀장) 승진 시에는 주변 구성원의 평판도 중요하기 때문에 승진을 위한 평정에는 아직까지 많은 기관에서 반영하고 있다.

⑹ 근무성적평정의 활용

각 평가가 완료되면 그 다음은 근무성적평정 값을 최종적으로 산출하여 승진이나 보수에 적용할 수 있다. 근무성적평정 최종값을 승진에 적용할 경우에는 다양한 평가(정성평가, 정량평가, 다면평가, 경력평가, 교육훈련평가, 가감점 평가 등)를 반영하는 것이 좋다. 평가라는 것이 평가적 요소에 따라 결괏값을 얻는 것이기 때문에 그 사람의 능력과 평판을 종합적으로 확인할 수 있다. 그래서 승진을 위해 근무성적평정 결괏값을 활용할 때에는 정성·정량평가와 교육훈련평가, 다면평가와 경력평가까지 기관에서 적용하는 모든 평가값을 반영하는 것이 좋다. 다만 그 반영 비율을 구성원들의 의견을 수렴해 인사위원회에서 심의하고 기관장의 최종 결정에 따라 시행하면 된다.

보수 책정을 위해 근무성적평정 결괏값을 적용하는 경우에는 다면평가와 경력평가 값은 미반영하는 것이 좋다. 왜냐하면 다면평가는 피평가자에 대한 주변 구성원의 평판을 수치로 나타낸 것인데 그것을 피평가자의 업무적 성과와 결부시키는 것은 무리가 있기 때문이다. 경력 평가도 마찬가지이다. 오랜 기간 근무했다는 것이 업무 성과와 연관이 있다는 것을 의미하지는 않기 때문에 일반적으로 경력 평가는 승진에만 반영하고 있다.

근무성적평정은 사용 목적에 따라 각 평가별 결괏값의 반영 비율을 어떻게 적용하는지도 중요하다. 정량평가(성과평가) 체계가 잘 갖춰진 기관에서는 정량평가의 비율을 많이 반영하는 것이 좋고, 그렇지 않은 기관에서는 정성평가의 비율이 높을 수 있다. 신설 기관일수록 정성평가의 반영 비율이 높다. 대략적으로 근무성적평정 결괏값을 100으로 봤을 때 정성평가 50, 정량평가 40, 그 외 평가 10 정도의 비율을 반영하는 것이 일반적이며, 이 비율은 기관의 여건과 구성원의 의견, 평가 체계의 고도화 등을 고려하여 매년 변경해 적용할 수 있다.

〈근무성적평정의 목적별 반영 비율 사례〉

구분	합계	인사 평가	성과 평가	교육훈련 평가	다면 평가	경력 평가	가감점 평가
승진 시 반영 비율	100% (95%~105%)	50%	30%	5%	10%	5%	±5%
보수 책정 시 반영 비율	100% (95%~105%)	60%	35%	5%	–	–	±5%

보수 결정 시 근무성적평정 결괏값을 기준으로 등급을 결정하는데 이 등급으로 개인별 성과급이 결정된다. 등급은 5등급(S-A-B-C-D)[12]으로 구분하는데 공공기관에서는 정부의 지침(예산 편성 및 집행 지침)을 근거로 개인별 등급을 결정한다. S등급은 해당 직군 및 직급의 10%, A등급은 15%, B등급은 50%, C등급은 15%, D등급은 10%로 적용하고 있다. 다만 해당 등급에 몇 명을 포함할지는 인사위원회에서 그 등급별 인원 배분표를 심의하고 기관장의 최종 승인하에 적용하게 된다.

❝ 공공기관에서는 경영평가라는 것을 매년 받는데 공기업과 준정부 기관은 기획재정부로부터 평가를 받고, 기타 공공기관은 해당 중앙부처에서 평가를 한다. 경영평가 결과에 따른 경영평가 성과급도 근무성적평정 결괏값에 의해 도출된 등급에 따라서 차등 지급하고 있다. ❞

---

12 정부의 '2023년 공기업 준정부기관 예산운영지침'에서는 6등급(S-A-B-C-D-E)으로 제도를 설계·운영하도록 하고 있으나, E등급과 D등급의 인원 분포를 10% 이상으로 통합할 수 있도록 하고 있어 기타 공공기관에서는 5등급(E 등급 제외)으로 구분하여 운영하는 경우가 많다.

구분	인원	S등급(10%)	A등급(15%)	B등급(50%)	C등급(15%)	D등급(10%)
총원	100	10명 or 11명 (10명)	15명 or 16명 (15명)	50명(50명)	14명 or 15명 (15명)	9명 or 10명 (10명)
1급	5	- (0.5명)	1명(0.75명)	3명(2.5명)	1명(0.75명)	- (0.5명)
		1명(0.5명)	- (0.75명)	3명(2.5명)	- (0.75명)	1명(0.5명)
2급	8	1명(0.8명)	1명(1.5명)	4명(4명)	1명(1.5명)	1명(0.8명)
3급	12	1명(1.2명)	2명(1.8명)	6명(6명)	2명(1.8명)	1명(1.2명)
4급	30	3명(3명)	5명(4.5명)	15명(15명)	4명(4.5명)	3명(3명)
5급	45	5명(4.5명)	7명(6.75명)	22명(22.5명)	7명(6.75명)	4명(4.5명)

* 각 등급의 비율에 따라서 인원을 배분하다 보면 소수점이 나오는 경우가 있다. 이때 반올림을 하거나 절사하는 것은 기관의 인력 구조를 검토하여 결정하면 된다. 가급적 전 등급에 골고루 인력 배분이 분포되는 것이 바람직하다.

〈등급별 성과급 지급 비율 사례〉

구분	등급 및 인원 비율	S등급 (10%)	A등급 (15%)	B등급 (50%)	C등급 (15%)	D등급 (10%)
자체 성과급	2급 이상	α×29%	α×27%	α×25%	α×23%	α×21%
	3급 이상	α×25%	α×22.5%	α×20%	α×17.5%	α×15%
경영평가 성과급		β×140%	β×120%	β×100%	β×80%	β×70%

※ 비고

① α = 전년도 기본 연봉

② β = 전년도 기준 월봉 = 기본 연봉 × 1/12

③ 개인별 실지급액

  - 개인성과급 = α × 등급별 지급률 × 조정지수(예산편성액 ÷ 소요액)

  - 경평성과급 = β × 경영평가결과 지급률 × 등급별 지급률

_____ 성과급의 지급률은 기관의 인건비 예산을 고려하여 편성할 수 있으며, 지급률은 변경될 수 있다.

근무성적평정 결괏값 도출과 개인별 등급이 확정되면 대상자에게 그 결과를 통보해야 한다. 평가라는 것이 낮은 등급이 나오게 되면 기분이 좋지 않고 내가 왜 이런 등급을 받았는지 확인하고 싶은 욕구가 생긴다. 그리고 평가 체계에 대해서 부정하게 되고 평가가 잘못됐다고 문제를 제기하는 사례들도 있다. 이를 제도화하고 내부적으로 해결하려는 노력을 하는데 그것이 바로 이의신청제도이다. 근무성적평정 결괏값과 등급을 받은 대상자는 받은 날로부터 7일 이내에 이의 신청을 할 수 있다. 단순히 왜 내가 이런 등급을 받았는지 확인하기 위해서가 아니라, 자신은 이러한 노력을 통해서 이만큼의 실적과 성과를 냈는데 낮은 등급을 받은 이유를 이해할 수 없다는 논리적 근거를 바탕으로 이의 신청을 해야 인용 가능성이 있다. 단순한 푸념에 의한 이의 신청은 받아들여지기 어렵기 때문에 이의 신청을 할 때에는 신중에 신중을 기해야 한다.

정식으로 이의 신청이 접수되면 인사위원회에서 심의를 하게 되는데 이의 신청 사유의 타당성을 검토하게 된다. 평가 단계에서의 실수가 없었는지부터 올바르게 평가가 진행됐는지도 다시 한 번 확인한다. 이때 평가자의 점수가 지나치게 낮게 부여됐다고 판단이 되면 평가자를 대상으로 위원회 출석을 통해 평가자가 부여한 점수의 적정성에 대해서 심의할 수도 있다. 이의 신청 사유가 타당하다고 심의하게 되면 구제 절차를 거치게 된다. 구제는 일반적으로 등급 상향인데 이게 쉽지는 않다. 왜냐하면 기존에 평가 등급을 받은 구성원이 있기 때문에 그 구성원의 등급을 낮추는 문제는 또 다른 차원의 문제가 된다. 그래서 이의 신청자를 등급별 인원 배분표와 상관없이 등급 상향을 하는 사례도 있다. 이 또한 인사위원회에서 심의·의결하고 최종 의사결정권자가 승인해야 가능한 일이다. 하지만 일반적으로 이의 신청이 받아들여지는 사례는 극히 드물다. 평가자의 주관적 판단에 의해 부여된 점수를 제3자가 그 적절성을 논한다는 것 자체가 논란의 소지가 있기 때문이다. 그래서 평가 과정상 하자가 없다면 이의 신청은 받아들여지기 어렵다고 생각하면 된다.

이의 신청을 최소화하기 위해서 피평가자에게 피드백을 잘해줘야 한다. 평가자가 왜 이렇게 점수를 줄 수밖에 없는지를 구체적으로 설명하고 피평가자를 최대한 납득시킬 수 있어야 평가의 공정성이 확보되고 구성원의 수용성이 높아진다. 근무성적평정의 성공 여부는 구성원들의 수용성 여부이다. 평가 결과가 낮게 나오면 당연히 평가 체계에 불만을 표출하지만 왜 내가 그렇게 결과를 받을 수밖에 없었는지 설명을 듣게 되면 이해하고 수긍하는 경우도 많이 있다. 물론 낮은 등급을 받은 구성원을 이해시키고 설득하는 일은 굉장히 어렵고 힘들다. 인사쟁이가 한 것도 아닌데 그 화나 원성은 온전히 인사쟁이가 감수해야 한다. 그것은 근무성적평정 업무를 담당하는 인사쟁이의 숙명이다. 평가 등급이 높은 구성원은 평가가 잘됐다고 말하지 않는다. 평가 등급이 낮은 30% 이내의 구성원만이 불만을 말하고 원망을 제도와 인사쟁이에게 하는 것이다.

인사쟁이는 평가 결과에 불만이 있는 구성원의 하소연을 들어주는 것까지가 업무라고 생각하면 된다. 그 하소연이 해소될 때까지 듣고 또 들어야 근무성적평정을 마무리할 수 있다.

03 교육훈련

공공기관은 매년 교육훈련을 실시한다. 그 목적은 직원의 업무 능력 향상과 동기부여, 구성원 간의 원활한 의사소통 및 관계 형성 등을 위해서다. 기관장을 포함해 전 임직원이 교육훈련의 대상이 된다. 기관에서 매년 예산을 투자해 임직원을 대상으로 교육훈련을 실시하는 이유는 첫째, 새로운 직무 변화에 능동적으로 대응하기 위해서다. 직무는 정부의 새로운 정책과 고객의 수요에 따라 변한다. 과거의 지식이나 기술·기능이 현재를 대변하지 못하기 때문에 새롭게 변화되는 직무에 적응하기 위해서는 지속적이고 반복적인 교육훈련을 실시해야 한다. 시대의 흐름에 발맞춰 나아가야 도태하지 않고 적응할 수 있다. 둘째, 조직원 간의 유기적인 관계 형성을 위해서다. 설립 초기 기관은 구성원 간의 의사소통을 중점적으로 조직 역량 교육을 실시하고, 안정화된 기관의 경우에는 조직 문화 형성에 중점을 두게 된다.

규모가 크고 구성원이 많은 공기업에서는 기관 자체적인 연수원을 갖추고 독립된 교육 부서가 편성되어 있어, 자체 교육 프로그램을 개발하고 전문 인력을 확보해 전문화된 교육훈련을 실시한다. 하지만 대부분의 공공기관에서는 교육훈련 업무 외에도 다른 업무를 겸직하는 경우가 많다. 교육훈련 업무만 집중할 수 없기 때문에 업무 담당자가 전문성을 갖추기는 어려운 현실이다. 통상적으로 전임자가 했던 업무를 그대로 답습하거나 업체에서 제안하는 교육을 따라하는 경우가 많은데 인사쟁이가 실무를 수행하면서 알아야 할 사항이 몇 가지 있다.

(1) 직원 의견 수렴을 통한 수요 분석이 필요하다

교육훈련 계획을 수립하기 위해서는 '왜' 하는지, '누구'를 대상으로 하는지 인사쟁이는 고민해야 한다. 목적과 대상이 정확해야 올바른 계획을 수립할 수 있다. 일반적으로 공공기관에서는 직원 역량 개발과 조직 역량 강화 차원에서 교육훈련을 추진하는데, 그 방향성을 확정하기 위해서는 구성원의 의견이 중요하다. 교육훈련의 주체가 구성원이기 때문이다. 현재 시점에서 직무를 수행하는데 필요로 하는 것이 무엇이고, 원하는 교육훈련 방법은 어떤 것인지 확인하는 절차는 반드시 필요하다. 이를 교육훈련 수요 분석이라 한다.

구성원의 수요를 조사하는 방법은 설문지를 통한 방법이 가장 효과적이다. 짧은 기간에 소요 비용 없이 자체적으로 추진할 수 있다. 설문지 구성은 구성원이 간단하게 답할 수 있는 객관식형으로 구성하고, 필요에 따라서는 개인의 의견을 표현할 수 있도록 설계하는 것이 좋다. 구성원의 솔직한 대답을 요구할 때에는 무기명으로 설문하는 것이 좋고, 다양한 의견을 수집하기 위해서 기관에서 실시하는 제안 제도와 연계해 추진하는 것도 하나의 방법이다.

〈교육훈련을 위한 직원 대상 설문지 사례〉

◦ 연령대
① 30대 미만　　② 35세 미만　　③ 40세 미만
④ 50세 미만　　⑤ 50대 이상

○ 전년도 교육 참여 횟수

　① 전혀 없다　　② 1회　　③ 2회　　④ 3회　　⑤ 4회 이상

　☞ 1번을 답할 경우 그 이유

○ 교육 참여에 있어 어려운 점

　① 바쁜 업무　　② 원하는 교육이 없음　　③ 상급자의 무관심

　④ 교육 필요성 인식 부족　　⑤ 기타(　　　　　　　　　)

○ 교육 참여를 높일 수 있는 방안에 대한 개인적 의견

○ 개인적으로 선호하는 교육 방법

　① 사내 집합교육(온라인 포함)　　② 외부 전문 교육기관 위탁교육

　③ 외부 교육 개발 수강　　④ 학습조직 및 스터디 구성

　⑤ 기타(　　　　　　　　　)

○ 교육을 강화해야 할 부문

　① 직급별 교육　　② 직무 전문성을 향상할 수 있는 교육

　③ 조직 활성화 교육　　④ 공통 역량 강화 교육

　⑤ 기타(　　　　　　　　　)

○ 향후 5년을 봤을 때 자신에게 가장 필요한 교육

○ 개인이 받고 싶은 교육

○ 교육 이수 시간제의 필요성에 대한 의견

○ 연간 적절한 직급별 교육 이수 시간
   ① 직급별 동일하게 교육 이수 시간 적용
   ② 3급 이상 연간 80시간, 4급 이하 연간 100시간
   ③ 3급 이상 연간 100시간, 4급 이하 연간 120시간
   ④ 기타(   )

○ 교육 시간 인정 범위
   ① 기관에서 운영하는 프로그램만 인정
   ② 기관 외 다른 프로그램 인정
   ③ 기관장이 인정한 모든 프로그램 인정
   ④ 기타(   )

○ 자유 의견

(2) 교육훈련 계획은 노사협의회 의결 안건이다

교육훈련을 실시하기 위해서는 계획을 수립해야 하는데, 기관장이 최종적으로 계획을 승인하기 전에 노사협의회라는 기관 내 협의기구에서

교육훈련 계획을 의결해야 한다. 노사협의회는 「근로자 참여 및 협력 증진에 관한 법률」에 따라 상시 30명 이상의 근로자가 있는 사업장에는 설치해야 하기 때문에 모든 공공기관에서는 노동조합과 별도로 노사협의회를 설치·운영하고 있다. 동법 제21조에 따르면 '근로자의 교육훈련 및 능력개발 기본계획의 수립'을 위해서는 노사협의회에서 의결하도록 규정되어 있다. 의결된 사항을 사용자가 성실히 이행하지 않을 경우 1천만 원 이하의 벌금 처분을 받을 수 있다.

노사협의회에서 교육훈련 계획을 의결하도록 관련 법령에서 강제하고 있는 이유는 교육훈련이 직원들의 복지 증진과 기업의 건전한 발전에 기여할 수 있기 때문이다. 사용자의 과감한 투자와 근로자의 적극적인 동참이 교육훈련 성공에 있어 필수적이다. 인사쟁이는 계획의 완성도를 높이기 위해서 노사협의회에 의결 안건으로 상정하기 전에 근로자 위원들과 사전 협의를 하는 것이 좋다. 안건에 대해 근로자 위원이 충분히 이해하지 못할 경우에는 원만한 회의가 진행될 수 없고, 회의에서 의결을 유도하기도 어려워진다. 계획을 수립할 때부터 근로자 위원이 참여할 수 있도록 제도적 절차를 내부적으로 수립하는 것이 좋다.

(3) 교육훈련과 직원 평가는 연계하여 추진해야 한다

교육훈련을 성공적으로 실시하기 위해서는 기관의 평가와 연계하는 것이 좋다. 교육훈련은 직원 역량 강화와 조직 문화 형성을 목적으로 실시하는데 이를 달성하기 위해서는 구성원의 적극적인 참여가 필수적이다. 일반적으로 교육 이수 학점 또는 시간을 기준으로 평가를 하는데 직급별 필수 과목과 선택 과목을 설계하고, 그 과목의 이수 여부로 평가를 한다. 예를 들면 중간 관리자는 연간 필수 과목 3개 이상, 20시간 이상, 실무자는 연간 필수 과목 5개 이상, 30시간 이상 등으로 기준을 마련하고 기준을 초과하면 달성, 미달하면 그 시간만큼 점수를 차감하는 방법이다.

실무자 입장에서는 구성원들이 적극적으로 교육훈련에 참여할 수 있도록 강제적·자발적 방법을 찾는 것이 중요하다. 동기부여를 통해서 자발적인 참여를 유도하고, 평가를 통해 강제적으로 동참할 수 있도록 해야 한다.

〈교육 이수 시간 인정 범위 기준 사례〉

▣ 인정 범위
- 한국 공공기관에서 실시하는 교육(위탁 교육 포함), 세미나, 설명회, 강사 활동 등과 직무와 관련된 교육 등은 이수 시간 100% 인정

- 자기개발을 위한 온라인 교육은 연간 최대 30시간만 인정
  * 참석 여부를 확인할 수 있는 서명 명부 및 계획서 또는 이수증 제출 시 인정함.

▣ 세부 기준
- 법정 교육 및 기본 교육
  – 산업안전보건교육 : 관리직 연간 12시간, 기술직 24시간
  • 관리 감독자는 연간 16시간(산업안전보건위원회 근로자 위원이 관리감독자 교육 참여 시 연간 16시간 인정)
  • 신규 직원은 정규 교육 외 신규 교육 8시간 인정
  – 성희롱 등 예방교육 : 4시간

– 기타 관련 법령에 따른 교육 : 이수 시간

– 청렴 교육 및 감사 교육 : 연간 4시간

○ 기관에서 제공하는 교육 프로그램(직무 및 조직 역량)

구분	간부급 (2급 이상)	중간관리자급 (3급~4급)	실무자급 (5급~6급)
제공 프로그램	· 필수교육(직급교육) · 리더십교육 · 의사소통교육 · 힐링교육	· 필수교육(직급교육) · 직무전문교육 · 의사소통교육 · 힐링교육	· 필수교육(직급교육) · 직무전문교육 · 의사소통교육 · 힐링교육

○ 외부 전문 기관에서 실시하는 직무 교육 및 설명회 등

– 해당 직무와 관련하여 외부 기관에서 실시하는 교육: 이수 시간 100% 인정

– 정부나 지자체, 공공기관 등에서 진행하는 직무 관련 설명회 및 세미나 등 : 참석 시간 100% 인정

○ 정기적 설명회 및 월례 회의 등

– 기관에서 주관하는 월례 회의 : 연간 12회(12시간 인정)

– 각 부서에서 주관하는 설명회 및 학회, 세미나 등 : 연간 최대 20시간 인정

○ 해당 부서에서 계획을 수립하고 기관장이 승인하여 추진하는 교육에 참석 또는 강사로 활동하는 경우: 참석 시간 100% 인정

○ 자기개발에 따른 온라인 교육

– 정부 및 지자체, 공공기관 등에서 제공하고 있는 온라인 교육을 이수한 경우 : 연간 최대 20시간 인정

○ 기타 인사위원회에서 인정하는 교육 : 이수 시간 100% 인정

(4) 법정 교육은 반드시 실시해야 한다

 공공기관은 전 임직원을 대상으로 관련 법령에서 규정하고 있는 법정 교육을 실시해야 한다. 대표적인 법정 교육은 「남녀고용평등과 일·가정 양립 지원에 관한 법률」에 근거한 성희롱예방교육과 「산업안전보건법」에 따른 산업안전·보건교육이다. 성희롱예방교육은 성폭력, 성매매, 성희롱, 가정폭력에 대해서 연간 개인별로 1시간 이상 교육을 받아야 한다. 산업안전보건교육은 직종에 따라 교육 이수 시간이 다른데 사무직의 경우에는 분기별 3시간, 비사무직은 6시간을 받아야 한다. 이를 준수하지 못했을 경우에는 과태료 처분을 받는다. 최근에는「통일교육지원법」이 개정되어 의무적으로 통일 교육을 연간 1회 1시간 이상 실시하고 통일부 장관에서 그 결과를 제출해야 한다. 그 외에도 장애인식개선교육이 있다. 「장애인고용촉진 및 직업재활법」에 따라 장애인에 대한 인식 개선 교육을 연간 1회 이상 실시하고 그 결과를 한국장애인고용공단에 장애인 고용현황 신고 시 같이 신고해야 한다. 미실시할 경우에는 300만 원 이하의 과태료 처분이 있을 수 있다.

 직무 역할에 따라 이수해야 하는 교육도 있는데 산업안전보건 관련 관리 감독자 교육, 시설관리 직무 수행을 위한 소방 및 방재 관련 교육, 기록물 관리 관련 교육, 고충처리위원 전문 교육, 성희롱 고충 상담원 교육, 경영평가 담당자 전문 교육 등 다양하다. 직무 관련 교육은 해당 부서에서 직접 진행하는데 연간 교육훈련 계획 수립 시 직무 관련 교육 현황과 교육 일시 등을 반영하는 것도 좋다.

■ **개요**

○ 임직원들의 직무 역량을 강화하고 활기찬 조직 문화 육성과 직원 상호 간 원활한 의사소통을 위하여

  – 20〇〇년 임직원 교육 계획을 수립하여 추진하고자 함

   * 관련 근거 : 「인사규정」및 「근무성적평정 시행세칙」

■ **추진 방향**

○ 직무별 핵심 역량 개발을 통한 전문성 강화와 조직성과 향상을 위한 개인별 맞춤형 교육 추진

○ 교육훈련시간 이수제를 도입하여 개인별 교육 여건 보장

○ 개인별 교육 성과를 근무성적평정(교육훈련평가)에 반영하여 교육 참여 및 효과 제고

○ 임직원 간 원활한 의사소통과 재충전의 기회를 가질 수 있는 교육 프로그램 도입·운영

■ **20〇〇년 교육계획(안)**

Ⅰ 중점 추진 사항

① 개인별 교육 시간 이수제 추진

  ○ 개인별 교육이수제를 적용하여 체계적인 교육 성과 관리

  ○ 직급별 교육 이수 시간을 이수했을 경우는 100점을 부여하고, 미달했을 경우에는 「근무성적평정 시행세칙」에 따라 점수 부여

   * 예) 실무자급이 연간 77시간을 이수했을 경우 : 96.25점

     중간 관리자급이 연간 67시간을 이수했을 경우 : 95.71점

* 구분	간부급 (2급 이상)	중간관리자급 (3급~4급)	실무자급 (5급~6급)	비고
직급별 교육 이수시간	50시간 이상	70시간 이상	80시간 이상	직급별 교육이수시간 미달자는 해당 연도 교 육훈련평가에 반영

교육 이수 인정 시간에 대한 세부적인 설명은 붙임 참조

② 전문 기관에 위탁 교육
- 직원들의 직무 역량을 강화하고 교육 참여율을 높이기 위하여 외부전문 기관에 위탁하여 집체교육 중심의 교육 실시

- 개인과 조직 그리고 공통 역량으로 구분하여 각각의 프로그램을 외부 전문 기관에 위탁 진행

- 개인 역량 강화는 직무 위주로 프로그램을 운영하고 인생 이모작을 준비할 수 있는 전직 프로그램(인생 이모작 준비) 도입

- 조직 역량 강화는 의사소통 활성화와 힐링 프로그램으로 특화하여 진행

- 공통 역량은 법정 교육 위주로 추진

③ 직무 관련 교육 활성화
- 해당 분야 직무 역량 강화를 위해 외부 전문 기관(직무별 전문 교육 기관)에서 실시하는 교육 참여 활성화 추진
- 해당 직무별 전문 교육이 필요할 경우, 해당 부서장 승인하에 직무 전문 교육 실시
 (ex : 경영평가 실무과정, 인사노무 과정, NCS 과정, 재무회계 실무자 과정, 구매계약 실무자 과정, 기획예산편성과정, 감사실무자 과정, 연구기획보고서 작성 과정 등)

○ 별도 교육 비용이 발생하는 경우 해당 부서 예산의 범위 내에서 지출하는 것을 원칙으로 하되, 필요한 경우에 한해 기관 일반 용역비(201-00)에서 지원 (다만, 이 경우 계약 행위가 있어야 지원 가능)

○ 온라인 교육은 정부 및 지자체 등에서 공급하는 자기개발 및 직무 관련 콘텐츠를 기준으로 수료 시 교육 이수 시간에 반영

② 교육훈련 성과 지표

구분	지표설정 (교육부문 핵심성과지표)	성과 목표	산출방법
1	교육 참여율	85%	위탁교육 대상자 출석률 산출 (교육 대상자 / 교육 참석자)
2	직급별 교육이수제 달성	95%	교육 대상자의 직급별 교육이수시간 달성 여부(교육 대상자 / 교육이수 달성자)
3	교육 만족도	90%	교육 과정별 설문지 조사방법

③ 교육과정 운영 계획

◆ 교육은 직급별 필수교육과 선택교육으로 구분하고, 필수교육은 해당 연도에 반드시 이수할 수 있도록 교육 과정 설계·운영
◆ 해당 직무에 필요한 전문교육은 부서별 추진(예산의 범위 내에서 지원)
◆ 교육 대상은 계약직원을 포함한 전 직원(다만, 일용직은 제외)

① 직무 역량 강화 교육
○ (개요) 해당 직무에 대한 전문성 강화 교육으로 직급별로 구분하여 진행하고 집체교육을 원칙으로 추진

○ (교육 내용) 직급별 직무 수행에 필요한 과정을 개설하여 직급별 교육 시간을 필수와 선택으로 구분하여 실시
– (맞춤형 직무 역량 강화 교육) 리조트 및 연구원 등에서 외부 전문가를 초빙하여 직급별 맞춤형 교육 실시

- (인생 이모작 준비 교육) 임금 피크제 적용 대상자를 대상으로 퇴직 이후 삶에 대한 필요 정보 및 자기개발 능력 향상을 위한 교육 실시

  * 강사는 해당 분야 최고 전문가 수준으로 초빙하여 진행

〈직무·개인 역량 강화 교육 과정〉

구분	교육과정	비고
간부급	·(필) 리더십 과정(16시간), 면접관 과정(16시간) ·(선) 인생이모작 준비과정(24시간), 전문 강사 양성과정(24시간)	
중간 관리자급	·(필) 리더십 과정(6시간) ·(선) 프리젠테이션 작성 및 발표(12시간), 보도자료 작성(16시간)	
실무자급	·(필) 업무용 글쓰기 과정(24시간), 보고서 작성과정(16시간) ·(선) 프리젠테이션 작성 및 발표(12시간), 보도자료 작성(16시간) 엑셀실무과정(12시간), 직무교육(16시간)	

○ (교육 방법) 전문 위탁업체에 위탁하여 이론 및 실습 위주 교육

○ (소요 예산) 00,000,000원(예산과목 : 000-00)

  * 교육 예산은 교육 시간 및 횟수 등에 따라 변동될 수 있음

○ (행정 사항)

- 교육 장소는 연수원·리조트·휴양림 등에서 실시
- 필수 과정은 해당 직급에서 반드시 이수해야 하는 과정이며 선택 과정은 해당 부서의 업무 등을 고려하여 선택하여 이수 가능
- 기관에서 제공하는 교육 과정 외에 필요한 직무역량강화 교육 과정이 있을 경우에는 해당 부서에서 자체 추진

  * 교육 비용이 발생할 경우에는 해당 부서 예산의 범위 내에서 집행 하고, 필요한 경우에 한해 기관의 일반용역비(000-00)에서 지원

② 조직 활성화 교육

○ (개요) 직원 간의 원활한 의사소통을 바탕으로 활기찬 조직 문화를 형성하고

업무로 쌓인 스트레스를 해소하여 새로운 활력을 찾을 수 있는 프로그램 운영

○ (교육 내용) 전체 직원의 '참여·공유·소통·치유'를 위한 교육 프로그램 운영

− (의사소통 활성화) 참석자 간 유대감을 강화할 수 있도록 프로그램 운영

− (힐링 프로그램) 직무 및 대인 관계에서 올 수 있는 스트레스를 해소할 수 있는 치유 중심의 프로그램 운영

　* 강의식 교육은 지양하고 전체 프로그램이 하나의 주제에 의해 직원들이 참여한 교육이 될 수 있도록 설계

　☞ 의사소통 활성화와 힐링 프로그램은 최근 도입된 새로운 개념의 프로그램으로 전문 위탁업체 선정 과정에서 적합한 프로그램을 선정할 예정임.

○ (교육 방법) 전문 위탁업체에 위탁하여 직원 참여형으로 진행

− 각 과정별로 전 직원을 10개 조로 분류하여 10회 실시(1개 조당 40명)

− 조직 활성화 교육은 전 직원 필수 참여 교육임

○ (소요 예산) 00,000,000원 (예산과목 : 000−00)

* 교육 예산은 교육 시간 및 횟수 등에 따라 변동될 수 있음

○ (행정 사항)

− 교육 장소는 연수원 등 외부 시설에서 실시

− 전 직원이 의사소통 및 힐링 프로그램에 각각 1회씩 참여할 수 있도록 프로그램별 운영(4월부터 10월까지 진행)

③ 공통 역량 강화 교육

○ (개요) 관련 법령에 따라 의무적으로 실시해야 하는 법정 교육을 체계적으로 실시하기 위함

○ (교육 내용) 관련 법령에 근거한 법정 교육 실시

−「산업안전보건법」에 따른 정기 교육 및 성희롱 등 예방법령에 따른 예방 교육

- 직무별 관련 법령에 따라 담당자가 반드시 이수해야 하는 법정 교육(각 해당 부서 예산의 범위 내에서 교육 진행)
  * 감사실의 감사 및 청렴교육, 시설관리부의 실내 공기질 관리자 교육 및 건설기술자 교육훈련 교육 등

- ○ (교육 방법) 산업안전보건 관련 정기 교육은 온라인으로 진행하고 나머지 교육은 집체교육을 원칙으로 함
- 산업안전보건 관리감독자 교육은 외부 전문 기관에서 연간 16시간 집체교육
- 성희롱 예방 교육은 전 직원을 대상으로 월례회의 이후 집체교육 실시(반기별 1회 2시간 교육 진행)
- 시설관리부 관련 법정 교육은 해당자에 한해 외부 전문 기관에서 교육(집체교육 또는 온라인 교육)
- 감사 및 청렴교육은 전 직원을 대상으로 연간 2회(각 4시간) 집체교육 실시(자원관에서 외부 강사 초빙 교육)

- ○ (소요 예산)
  * 산업안전보건 및 성희롱 관련 예산은 별도 편성

④ 임원 교육
- ○ (개요) 조직 운영에 필요한 새로운 경영 기법 등을 공유할 수 있는 코칭 교육 실시

- ○ (교육 내용) 기관 운영과 관련된 전문가와 1대1 코칭 프로그램 운영

- ○ (교육 방법) 대학교수급 외부 코칭 전문가를 초빙하여 주 1회 1시간씩 총 20회 기관 운영 관련 코칭 실시

- ○ (소요 예산) 00,000,000원 이내(예산 과목 : 일반 수용비(000-00))
- ○인당 × 0,000,000원 이내 × ○명 = 00,000,000원

구분		1월	2월	3월	4월	5월	6월	7월	8월	9월	10월	11월	12월
교육 계획 수립		■											
노사협의회 및 인사위원회			■										
교육업체 선정 및 준비				■	■								
직무교육	리더십 과정				■								
	인생이모작 준비과정						■						
	업무용 글쓰기 과정							■					
	보고서 작성과정					■	■				■		
	관내 강사 육성과정						■						
	프리젠테이션 작성 및 발표							■					
	엑셀 활용과정						■	■					
	담당자 직무강화교육		■	■	■	■	■	■	■	■	■	■	■
	사내 직무교육		■	■	■	■	■	■	■	■	■	■	■
조직	의사소통					■							
	힐링									■			
공통	산업안전	■	■	■	■	■	■	■	■	■	■	■	■
	감사 및 청렴				■								
	성희롱 등				■					■			
	담당자 교육						■						
온라인 교육		■	■	■	■	■	■	■	■	■	■	■	■

■ 향후 계획

○ ('○○년 ○월) 교육훈련계획(안) 노사협의회 심의·의결

○ ('○○년 ○월) 위탁업체 공고 및 업체 선정

○ ('○○년 ○월) 위탁업체 교육 준비 및 계획(안) 보고

○ ('○○년 ○월) 교육 추진

붙임 1. 소요 예산 세부 산출 내역 1부

2. 교육 이수 인정 시간 기준(안) 1부

3. 설문 조사 결과 1부

4. 대행업체 과업지시서 및 제안서 각 1부씩. 끝.

4. 임금관리

근로자가 사업자에게 근로를 제공하는 이유는 단 하나다. 임금을 받기 위해서다. 임금은 보수, 급여, 봉급, 월급, 연봉, 급료, 인건비 등 여러 표현으로 말할 수 있는데 모두 동일한 의미를 가진다. 임금은 근로자의 생계와 직접적인 관련이 있고, 임금의 수준 차이에 따라 근로자의 사회적 지위가 결정된다. 그만큼 근로자에게는 임금이 중요하고 유일한 소득 수단이다. 임금을 받지 못한다는 것은 다니는 조직에서 떠난다는 의미로 '해고' 또는 '계약 종료', '정년퇴직'을 의미하고, 다른 하나는 근로 능력 상실로 몸이 안 좋아져서 더 이상 업무를 수행하지 못하거나 사망하여 자연 퇴사하는 경우이다.

임금관리 업무를 수행하기 위해서는 임금과 관련된 법령 숙지가 중요하다. 근로자는 임금이 가장 중요하기 때문에 민감할 수 밖에 없다. 단 돈 10원이라도 손해를 본다는 생각을 하게 되면 바로 인사부서에 항의성 전화가 빗발치게 된다. 그만큼 임금에 대한 관심이 많고 나의 임금만큼 동료의 임금에도 관심이 많다. 그래서 임금 체계를 설계하고 지급하는 업무는 한 치의 실수도 있으면 안 된다. 특히 공공기관의 인건비는 일부 기관을 제외하고 대부분 정부 예산으로 지급되는 출연금 또는 보조금·지원금이기 때문에 더욱더 중요하다.

01 공공기관 임금관리의 핵심사항

공공기관 임금은 정부의 지침에 따라 기본적인 인상률이 결정된다. 전체 인건비 규모가 인원수에 비례하여 결정되고 매년 일정 수준의 인상률이 적용된다. (공무원 인상률과 동일하게 적용되고 공공기관의 산업별 인건비 수준에 따라 인상률 폭은 더 넓어지고 좁아질 수 있다.)

〈임금 여부에 대한 판단 기준 예〉

구분	수당	임금 여부
근로의 질과 양에 관련되는 수당	기술수당, 자격·면허수당, 특수작업수당, 직책수당, 직무수당, 출납수당, 항공수당, 생산장려수당, 성과급 성격으로 매월 지급되는 영업수당 등	○
근로 여건 환경과 관계되는 수당	벽지수당, 위험수당 등	○
은혜적, 호의적으로 지급되는 금품	경조금, 위문금 등 임의적·호의적 의미에서 지급되는 금품 등	×
실비변상적 금품	장비·제복·작업복 구입비, 작업용품대금, 출장비, 여비, 판공비 등	×
복리후생적 금품	현물급식 제공, 학자금 등	×
기타	해고예고수당, 휴업수당	×

(1) 임금은 공정성이 생명이다

임금은 근로의 대가로 사용자가 근로자에게 지급하는 일체의 금품을 말한다. 근로자는 임금으로 생계를 유지하기 때문에 일정한 기간에 정기적이고 고정적으로 임금을 받아야 계획적인 삶을 살아갈 수 있다. 일반적으로 월(月)을 기준으로 임금을 지급하는데 이를 '월급'이라고 말한다. 임금은 '先' 근로 제공 '後' 임금 지급의 형태로 운영되나, 공공기관에서는 매월 20일 또는 25일 해당 월의 근로 대가를 지급 받는다. 이 점이 일반 기업과 공공기관이 다른 점이다.

임금은 '동일가치노동, 동일임금'의 원칙이 적용된다. 정규직 또는 비정규직이라는 이유로 동일 직무를 수행하고 있는데 임금에 차별이 있어서는 안 된다. 다만 직무의 차이에 따른 임금의 구분은 가능하다. 사회 통념상 이해할 수 있는 범위 내에서 임금의 차이가 발생하는 것은 용인할 수 있으나, 개개인의 신분이 다르다는 이유로 동일한 직무를 수행함에도 불구하고, 임금의 차별이 발생할 경우 차별적 처우로 문제가 될 수 있다.

임금 관련해서 정규직과 비정규직의 차별적 처우 문제를 방지하기 위해서 직무의 차이를 명확하게 구분해야 한다. 기관의 관련 내규에 정규직이 해야 할 직무와 비정규직이 수행하는 직무를 업무 분장표에 명시하고, 비정규직이 할 수 있는 직무의 범위를 설정해야 한다. 만약 비정규직이 정규직의 직무를 수행하는 경우에는 개인적 신분에 상관없이 정규직에 준하는 임금을 지급해야 한다. 근로의 대가는 직무에 따라 다르게 지급될 수 있으나 동일한 직무를 수행하는데 다르게 지급할 수는 없다. 임금 지급의 기준인 차별과 차이를 명확하게 인식하고, 관련 규정에 직급별 또는 신분별 직무의 차이를 세부적으로 구분하는 것이 필요하다.

(2) 임금 결정은 적정한 균형점을 찾아야 한다

임금을 결정하기 위해서는 3가지 측면을 고려해야 한다. 사용자는 지급 능력, 근로자는 생계유지, 사회적으로는 적정 임금(사회적 균형)이다. 사용자는 임금을 하나의 비용으로 간주하기 때문에 최소 비용으로 최대의 성과를 내려고 한다. 하지만 근로자는 임금이 생계의 유일한 수단이기 때문에 높은 임금을 통해 사회생활의 유지 비용을 충당하려고 한다. 사회적 측면에서는 기업이 활성화되고 근로자들이 윤택한 생활을 해야 우리나라 경제가 원활하게 운영되기 때문에 이를 적정한 수준에서 유지하고자 하는 노력을 한다.

이러한 각 주체의 입장에 따라 임금이 최종적으로 결정되는데 공공기관에서는 일부 사업 수익으로 인건비를 결정하는 일부 공기업이나 준정부 기관 등을 제외하고 대부분의 공공기관이 정부의 출연금이나 보조금, 지원금으로 인건비 재원을 충당하기 때문에 정부의 인건비 인상률을 그대로 적용하고 있다. 정부의 인건비 인상률은 물가 인상률과 우리나라 경제 여건 등을 고려해 결정하기 때문에 그 범위 내에서 각 기관의 인력 구조와 여건을 반영해 해당 연도의 임금을 최종적으로 결정한다.

기관 전체의 임금 결정은 노동조합이 있는 경우 임금 협상을 통해 인상률과 성과급의 지급률 등을 합의로 결정하게 되고 과반 이상의 노동조합이 없을 경우에는 정부의 인상률을 기준으로 해당 연도 임금을 결정한다.

❝ 임금은 개인을 중심에 두고 동료나 동종 업계와의 형평성을 기준으로 높고 낮음을 판단한다. 이를 임금의 공정성이라고 하는데 내부 공정성(내부 직원 간)과 외부 공정성(동종 업체, 유사 기관)이 적절하게 균형점을 유지하는 선에서 임금이 결정되어야 직원들의 불만 요소를 잠재울수 있다. 임금은 아무리 많이 준다고 해서 만족하지 않는다. 다만 임금에 대한 불만족이 완화될 뿐이다. 그래서 임금을 결정할 때에는 임금 결정으로 발생할 수 있는 불만 요소를 가급적 없애는 방향으로 업무를 추진해야 한다. 동료 및 동일 직무를 수행하는 경우에는 큰 변동 폭(성과급 등) 없이 임금을 책정하는 것이 좋다. 그리고 유사 기관의 인상률과 평균임금 등을 고려해 전체 임금 수준을 책정하는 것이 임금을 결정하는데 많은 도움을 줄 것이다. **❞**

⑶ 총인건비를 이해하라

공공기관은 임금을 인상할 때 고려해야 하는 것이 바로 총인건비 개념이다. 정부의 출연금 및 보조금, 지원금 등으로 임직원의 임금을 충당하기 때문에 자율적으로 무한정 임금을 인상할 수 없다. 그래서 최대한 자율성은 보장하되 일정한 범위를 설정하는데 그것이 바로 총인건비 개념이다. 총인건비는 공공기관의 모든 인건비와 인건비 항목 외에 계정 과목 및 명목여하에 불구하고 임직원(정원 외 직원 제외)의 소득세법상 근로 소득에 해당하는 모든 항목을 포함한다. 다만 퇴직급여충당금, 4대 보험 사업자 부담분, 정규직 전환 인력에 대한 처우 개선 소요액 등은 제외하고 있다.

❝ 공공기관의 인건비는 정부의 '공기업·준정부기관 예산운용지침'을 참고하여 편성 및 집행하는데 지침 상에 총인건비에 대한 설명과 편성 그리고 예외 적용 사항 등이 구체적으로 나와 있다. 이를 기준으로 기관 자체적인 인건비 편성 및 집행 지침을 마련하면 된다. **❞**

총인건비는 전년도 총인건비 예산을 기준으로 그 인상폭을 결정하는데 전년도 총인건비가 100이었다고 가정하고 올해 인상폭이 2.6%이면 올해 총인건비는 102.6이라고 생각하면 된다. 이는 해당 기관의 총인건비로 이 안에서 기관 구성원의 임금을 내부 협의 절차를 거쳐 결정하면 된다. 다만 총인건비를 초과할 경우에는 그에 따르는 제재가 발생하는데, 이것은 공공기관 경영평가에서 감점 사유가 되고 초과한 인건비만큼 차년도 인건비를 감액해서 예산을 편성하는 불이익이 발생한다. 그래서 총인건비 인상률 범위 내에서 임금을 책정하고 직원의 처우 개선을 실시해야 한다.

⑷ 평균임금과 통상임금을 알아야 한다

임금관리 업무를 수행하면 평균임금과 통상임금에 대해서 정확하게 인지하고 있어야 한다. 이 두 임금은 법적 용어로 임금을 계산할 때 목적에 따라 각각 적용되기 때문에 어느 때 평균임금과 통상임금을 사용하는지 알아야 한다.

평균임금은 이를 산정하여야 할 사유가 발생한 날 이전 3개월 동안에 그 근로자에게 지급된 임금의 총액을 그 기간의 총일수로 나눈 금액을 말한다(「근로기준법」제2조 제1항 제6호). 즉 퇴사로 인해 평균임금을 산정해야 한다면 퇴사일 이전 3개월 동안(88일~92일) 개인이 받았던 임금의 총액(상여금, 각종 수당, 연차수당 등 포함)을 그 일수만큼 나눠 1일 평균임금을 도출한다. 평균임금은 퇴직금, 연차휴가수당, 휴업수당, 재해보상금을 산정하는 기준이 된다. 일반적으로 퇴직금 계산 시 많이 적용하게 된다.

〈평균임금 산정 시 포함되는 임금의 범위 예〉

산정 기초에 포함되는 것	산정 기초에 포함되지 않는 것

• 통화로 지급되는 것
  – 기본급, 연차수당, 연장근로수당, 특수작업수당, 위험작업수당, 기술수당, 직책수당, 장려·정근·개근수당
  – 단체협약 또는 취업규칙에서 근로조건의 하나로서 전 근로자에게 일률적으로 지급되도록 명시되어 있거나 관례적으로 지급되는 것
	• 성질상 임금이 아니기 때문에 포함될 수 없는 것
	  – 통화로 지급되는 것 : 축의금, 조의금, 재해위문금, 휴업보상금, 실비변상적인 것
	  – 현물로 지급되는 것
	  – 기타 임금 총액에 포함되지 않는 것 : 퇴직금

통상임금은 근로자에게 정기적이고 일률적으로 소정근로 또는 총근로에 대하여 지급하기로 사용자와 근로자 간에 사전 약속한 임금을 말하며 각종 수당 지급에 적용되는 임금이다.(근로기준법 시행령 제6조 제1항) 통상임금을 산출하기 위한 계산 시 반영되는 임금은 사용자가 고정적이고 일률적으로 지급하는 임금이 모두 포함되는데 그 기준은 정기적, 일률적, 고정적이어야 한다.

〈임금 유형별 통상임금 여부 예〉

임금 명목	임금의 특징	통상임금 해당 여부
기술수당	기술이나 자격 보유자에게 지급되는 수당(자격수당, 면허수당 등)	통상임금○
근속수당	근속기간에 따라 지급 여부나 지급액이 달라지는 임금	통상임금○
가족수당	부양가족 수에 따라 달라지는 가족수당	통상임금× (근로와 무관한 조건)
	부양가족 수와 관계없이 모든 근로자에게 지급되는 가족수당분	통상임금○ (명목만 가족수당, 일률성 인정)
성과급	근무 실적을 평가하여 지급 여부나 지급액이 결정되는 임금	통상임금× (조건에 좌우됨, 고정성 인정×)
	최소한도가 보장되는 성과급	그 최소한도만큼만 통상 임금○ (그만큼은 일률적, 고정적 지급)
상여금	정기적인 지급이 확정되어 있는 상여금 (정기 상여금)	통상임금○
	기업 실적에 따라 일시적, 부정기적, 사용자 재량에 따른 상여금 (경영성과분배금, 격려금, 인센티브)	통상임금× (사전 미확정, 고정성 인정×)
특정 시점 재직 시에만 지급되는 금품	특정 시점에 재직 중인 근로자만 지급받는 금품 (명절귀향비나 휴가비의 경우 그러한 경우가 많음)	통상임금× (근로의 대가×, 고정성×)
	특정 시점이 되기 전 퇴직 시에는 근무일수에 비례하여 지급되는 금품	통상임금○ (근무일수 비례하여 지급되는 한도에서는 고정성○)

　평균임금과 통상임금은 사용 목적과 산출 방법 등이 다르기 때문에 사유 발생 시 어느 임금을 적용해서 결괏값을 산출할 지 확인해야 한

다. 일반적으로 평균임금은 퇴직금, 통상임금은 연장/야간/휴일근로수당, 연차휴가수당 등을 산출할 때 적용하고 있다.

〈평균임금과 통상임금 비교〉

구분	평균임금	통상임금
정의	이를 산정하여야 할 사유가 발생한 날 이전 3개월 동안에 그 근로자에게 지급된 임금의 총액을 그 기간의 총일수로 나눈 금액을 말함(근로기준법 제2조제1항제6항)	근로자에게 정기적이고 일률적으로 소정근로 또는 총 근로에 대해 지급하기로 정한 시간급 금액, 일급 금액, 주급 금액, 월급 금액 또는 도급 금액을 말함(근로기준법 시행령 제6조제1항)
목적	근로자의 생활보장을 위한 임금	각종 수당 계산을 위한 임금
적용 대상	·퇴직급여, 휴업수당 ·연차휴가 수당 ·재해보상, 산업재해보상보험급여 및 감급제재의 제한 ·실업급여(구직급여)	·해고예고수당 ·연장/야간/휴일근로수당 ·연차유급휴가수당 ·출산전후휴가 급여 ·그 밖에 유급으로 표시된 보상 또는 수당
기본 단위	일급	시급
계산 방법	– 사유 발생 직전 3개월 지급 총액/3개월 일수	월 통상 임금/월 유급근로시간

(5) 임금 구성은 간결해야 한다

공공기관은 직급에 따라 연봉제와 호봉제로 이원화된 임금 체계를 운영하는 기관이 많다. 간부급의 경우에는 직무 성과와 연동된 연봉제로 되어 있고, 비간부급(차장~사원) 직원은 호봉제를 유지하고 있다. 임금 체계가 직급에 따라 다른 이유는 간부와 비간부의 역할이 다르기 때문이다. 간부급은 직무에 대한 권한과 책임이 있기 때문에 직무 성과를 연봉과 연계하는 것이고, 일반 직원은 지시에 의한 업무를 하기 때문에 근속 기간을 중심으로 한 호봉제를 적용하고 있는 것이다. 다만 신규로 설립된 공공기관은 전 직원이 연봉제로 임금 체계를 구성하고 있다.

연봉제와 호봉제 등 다양한 임금 체계 중에서 어느 것이 '좋고', '나쁘다'라고 말하는 것은 의미 없는 일이다. 기관마다 임금 체계를 유지하고 발전시킨 역사와 사유가 존재하기 때문에 이를 존중해야 한다. 다만 임금관리의 투명성과 효율성, 수용성을 높이는 차원에서 임금의 구성 항목은 간결하게 개선하는 것이 좋다는 것이다. 임금 구성 항목이 간결해지면 임금을 받는 직원이나 임금을 계산하는 담당자 모두에게 이익이된다. 직원들은 매월 받는 임금에 대한 이해가 쉬워지고, 업무를 수행하는 인사쟁이는 임금 계산 등이 수월해질 수 있다.

임금 체계를 새롭게 변경하거나 개선하는 것은 굉장히 어려운 일이다. 임금은 근로자에게 가장 민감한 이슈이기 때문이다. 임금 체계를 개선하거나 변경할 때 기본적인 전제 조건은 '현재의 개인별 임금 수준을 유지해야 한다'는 것이다. 임금 체계 개편 시 구성원들은 개인이 받는 임금이 적어질 수 있다는 것과 앞으로 받게 될 미래 임금이 감소할 수 있다는 것을 가장 두려워하고 우려한다. 이러한 불안 요소를 없애기 위해서는 인사쟁이가 다양한 형태의 시뮬레이션을 통해 도출된 결괏값을 바탕으로 직원들에게 설명하고 내가 받을 수 있는 경우의 수를 보여주는 것이 가장 효과적이다.

> ❝ 임금 체계를 변경하기 위해서는 이익 변경이든 불이익 변경이든 노
> 동조합과의 합의가 반드시 필요하다. 왜냐하면 임금이란 것이 바로 근
> 로자의 생존권과 직결되기 때문이다. 임금의 주체이고 이해당사자인 근
> 로자, 그 근로자의 이익을 대변하는 집단인 노동조합을 배제한 상태에
> 서 제도가 설계할 수는 없는 일이다. 그래서 임금 체계를 개선할 때에는
> 제도 설계 초기부터 노동조합과 함께 방향을 설정하고 제도를 설계하는
> 것이 가장 좋은 방법이며 노동조합이 없는 기관에서는 제도 설계 단계
> 에서 직원들의 의사가 반영될 수 있도록 하는 것이 좋다. ❞

02 임금의 4대 원칙

임금은 근로자에게는 유일한 생계 수단이다. 임금을 지정된 기일에
지급받지 못할 경우에는 생활이 어려워지고 계획적인 삶을 살아갈 수가
없다. 그래서 사용자는 근로자에게 임금을 지급할 경우에는 직접 지급
의 원칙, 전액 지급의 원칙, 통화 지급의 원칙, 정기일 지급의 원칙인 4
대 원칙을 준수해야 한다.

사용자 임의로 근로자의 임금을 처분하거나 공제, 상계 등을 할 경우
에는 징역 또는 벌금의 처분을 받을 수 있는데 3년 이하의 징역 또는 2
천만 원 이하의 벌금에 처할 수 있다. 다만 임금의 4대 원칙을 위반한

처분은 반의사불벌죄로 근로자(피해자)가 사용자(가해자)의 처벌을 원하지 않는다는 의사를 표시하면 처벌할 수 없는 범죄다.

노사 관련 법령의 기본적인 취지는 사용자와 근로자의 원만한 합의를 통해 조직이 잘 운영될 수 있도록 도와주는 역할을 하는 것이다. 그래서 사측과 노측이 반드시 지켜야 하는 최소의 가이드라인을 제시하고 있다. 노사 관계 법령에서 제시하고 있는 기준을 초과하여 사용자와 근로자가 합의를 하고 시행하면 가장 이상적이라 할 수 있다.

(1) 직접 지급의 원칙

임금은 근로의 대가로 사용자가 근로자에게 지급하는 것으로 근로를 제공한 당사자에게 임금이 직접 지급되어야 한다. 중간착취 및 전달 과정에서 발생할 수 있는 사고 등을 예방하기 위한 원칙으로, 미성년자의 경우에도 본인이 직접 수령해야 하며 보호자의 대리 수령을 금지하고 있다. 다만 관련 법령에 따라 대리 수령을 예외로 허용하는 경우가 있는데 그 대표적인 사례가「선원법」에 적용받는 선원들이다. 선원들은 장기간 해양에서 조업하기 때문에 가족들의 생계를 위해서 가족들의 대리 수령을 허용하고 있다.

(2) 전액 지급의 원칙

임금은 근로자에게 전액을 지급하여야 한다는 원칙이다. 근로자와 사용자는 근로 계약을 통해 임금과 구성 항목, 지급 시기 등을 결정하는데, 근로계약에 명시된 금액과 초과로 근로한 수당, 기타 부수적으로 발생한 금액 등 근로자가 근로의 대가로 받을 수 있는 전액을 근로자에게 지급해야 한다. 상호 약정된 사항 외에 사용자 임의로 임금을 공제하거나 미지급할 경우에는 관련 법령에 따라 사용자는 처벌 받을 수 있다.

다만 관련 법령 또는 단체협약에 특별한 규정, 근로자 본인이 동의한 경우에는 임금의 일부를 공제할 수 있다. 그 예로 각종 세금과 4대 보험료(건강보험, 국민연금, 고용보험 등), 노동조합원의 노동조합비$^{check off}$, 불우이웃돕기 성금 등이 있을 수 있다.

> **❝** 임금이란 것이 근로자 개개인에게는 굉장히 소중한 것이고 내가 노력해서 받는 성과물이라고 할 수 있다. 작은 것이라도 민감할 수밖에 없어 임금을 공제할 때 세심한 배려가 필요하다. 연말이면 불우이웃돕기나 국군 장병 위문금 등을 공제할 수 있는데, 단체협약 등에 규정되어 있다고 해도 근로자 개개인의 동의를 받는 것이 중요하다(동의하지 않는 근로자가 있을 경우 공제하면 안 됨). 개개인의 동의 과정이 누락되거나 사전 설명 없이 임금을 공제할 경우에는 분란의 불씨가 될 수 있다. 실무적으로는 이점에 유의할 필요가 있다. **❞**

(3) 통화 지급의 원칙

임금은 근로자가 바로 사용할 수 있는 통화로 지급해야 한다. 여기서 '통화'는 우리나라에서 강제 통용력이 있는 「한국은행법」에 따른 화폐를 의미한다. 근로자는 임금을 통해 생활을 영위하기 때문에 우리 사회에서 통용되지 않는 통화를 지급할 경우 화폐 가치에 차이가 발생할 수 있어 근로의 대가를 제대로 받지 못하는 결과를 초래할 수 있다. 이런 문제를 예방하기 위해서 임금은 강제 통용력이 있는 화폐로 지급해야 한다. 임금을 즉시 사용할 수 있는 통화를 제외한 어음이나 수표 등으로 지급하는 것은 원칙적으로 제한하고 있다. 어음이나 수표 등은 현금으로 호환이 가능하지만 즉시 사용하는데 한계가 있고 근로자에게 불편과 위험을 초래할 수 있기 때문에 법 취지에 적합하지 않다.

⑷ 정기일 지급의 원칙

임금은 정기적으로 매월 1회 이상 일정한 날짜에 지급해야 한다는 원칙이다. 임금의 불규칙한 지급으로 인한 근로자의 불안정한 삶을 방지하기 위한 취지이다. 우리나라는 일반적으로 매월 일정한 날짜를 정해서 임금을 지급하고 있고, 경우에 따라서는 각종 수당과 기본급(연봉) 등을 구분해서 지급하는 경우도 있다.

공공기관은 매월 20일 또는 25일에 그 달의 임금을 지급하고 있다. 만약 내가 1월 15일에 임용됐다고 하면 25일에 1월 15일부터 31일까지의 임금을 받는 개념이다. 하지만 일반 기업은 1월에 임용되면 2월 5일이나 10일경에 임금을 받는 것이 일반적이다. 임금은 '근로의 대가'이기 때문에 후불제 개념으로 일을 하고 나서 돈을 받는다고 생각하면 된다.

❝ 직장인에게 가장 행복한 순간은 임금을 받는 날이다. 아주 잠깐 내 주머니에 있다가 순식간에 사라질 수 있으나 통장에 임금이 들어오는

순간은 내가 일을 하는 의미를 알 수 있는 이유이기도 하다. 인사쟁이는 이런 구성원들의 마음을 헤아릴 수 있어야 한다. 급여 수령일에는 아침 9시에 바로 임금이 개개인의 통장으로 입금될 수 있도록 사전에 내부 결재를 완료해야 한다. 오전에 임금을 받는 것과 오후 늦게 받는 것은 받아들이는 기분의 차이가 상당하다. 작은 행정 서비스로 기분 좋은 하루를 구성원들에게 선사할 수 있다. **"**

03 **임금 체계**
....

임금은 기준 임금과 그 외 임금으로 구성된다. 이를 임금 체계라 하는데 기준 임금은 바로 기본급과 수당이고, 기준 외 임금은 상여금이나 퇴직금 등을 말한다. 임금에서 가장 중요한 것은 기본급인데, 일반 기업에서는 기본급의 변동은 최소화하고 임금인상 효과를 보이기 위해서

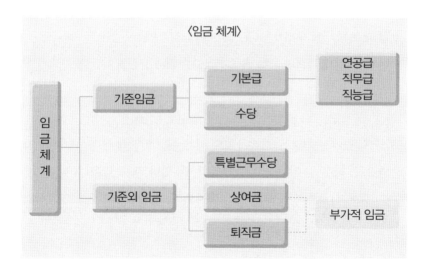

〈임금 체계〉

각종 수당을 신설해 임금 구성이 굉장히 복잡하게 되어 있다. 공공기관의 경우에는 정부의 지침에 따라 연봉제로 운영되는 기관은 임금 구성이 간결하게 되어 있는데, 연공급제인 호봉제를 운영하고 있는 기관에서는 아직도 복잡한 수당 체계를 유지하고 있는 기관이 다수다.

> **&&** 공공기관은 여러 형태의 임금 체계를 유지하고 있다. 최근 설립된 공공기관은 대부분 연봉제 또는 직무급제를 도입해 운영하고 있어 임금 구성이 간결하다. 즉 기본 연봉과 직무급, 기타 수당, 성과급으로 구성된다. 하지만 일정 기간의 역사가 있는 기관에서는 이원화된 임금 체계가 일반적이다. 간부급 이상은 연봉제, 일반 직원은 연공급적 호봉제이다. 앞에서도 언급했듯이 연봉제는 임금 구성이 간결하지만, 호봉제는 수당이 많은 부분을 차지하기 때문에 복잡하게 되어있다. 여기서 '복잡하다'는 의미는 수당의 가짓수가 많은 것은 기본이고 직급과 개개인의 직무에 따라 반영되는 수당이 천차만별인 것을 말한다. 임금 체계가 복잡할 경우에는 각종 수당과 성과급 등의 포함 여부가 통상임금을 산정할 때 논쟁이 될 우려가 있다. 인사쟁이 입장에서는 연봉제든 호봉제든 분쟁의 소지를 최소화하기 위해서 간결한 임금 구성을 유도하는 것이 가장 좋다. **99**

임금에 있어서 기본은 기본급인데 기본급을 어떻게 운영하느냐에 따라 연공급·직무급·직능급으로 구분할 수 있다. 직능급은 실질적으로 공공기관에서 적용하지 않은 임금 체계이기 때문에 제외하고 연공급과 직무급 위주로 살펴보도록 하겠다.

(1) 연공급

연공급은 근로자의 근속연수, 연령, 학력 등에 따라 임금 수준이 결정되는 임금을 말한다. 공채로 인한 기수 문화, 학력에 따른 선후배 문화가 강한 우리나라는 능력이나 역량이 아닌 연령과 근속기간 등의 요소에 의해 임금을 책정하고 있다. 연공급은 우리 사회의 일반적 인식을 반영한 임금 형태라 할 수 있고, 정년이 보장된 공공기관에서는 연공급과 같은 임금 체계를 대부분 적용하고 있다.

연공급은 현재의 내가 열심히 일하면 현재의 선배(상급자)들과 같이 고高임금을 받을 수 있다는 구성원 간의 공통된 인식 속에서 존재할 수 있는 임금 체계이다. 젊어서 열심히 일한 근로의 대가를 차후에 보상받는다는 것을 전제로 설계된 것이다. 현재와 같이 공공기관에서 연공급이 가능한 이유는 안정적인 근로조건 때문이다. 특별한 사유가 없으면 정년까지 고용이 보장되기 때문에 연공급 제도가 가능한 것이다. 평생 직장의 개념이 사라진 요즘에 공공기관이 인기 있는 직장으로 선망의 대상이 되는 이유가 정년이 보장되는 안정된 근로조건 때문이다.

하지만 연공급은 여러 문제를 가지고 있다. 능력과 역량을 중시하는 현재의 관점에서는 적합하지 않은 제도이다. 내 노력의 대가를 차후에 보상받는 게 아니라 지금 현 시점에서 받고자 하는 근로자들의 인식이 강하고, 기관 측면에서는 근속 연수에 따라 임금이 지속적으로 상승하는 구조로 인한 인건비 부담이 기관 운영에 제한 요소가 될 수 있다. 이런 문제점을 보완하기 위해 연공급 내에서 다양한 시도(성과급제, 임금피크제 등)를 하고 있다.

> ❝ 연공급 체계를 유지하면서 연공급의 문제점을 보완하기 위해 도입된 제도가 바로 성과급 제도이다. 개인의 역량과 능력에 따라 성과급을 차등해 지급받는 것으로 개인의 노력 여하에 따라 높은 급여를 받을 수 있는 제도이다. 대부분의 공공기관에서는 성과급제를 운영하고 있으며 그 평가 방법은 기관마다 다르다. ❞

연공급의 운영은 기본적으로 호봉 책정에서부터 시작한다. 새로운 구성원이 임용되면 내부 규정에 따라 그간의 경력을 산정해 개인별 호봉을 책정한다. 호봉은 매년 1호봉씩 인상되는데 인상될 때마다 임금이 인상되는 효과가 있다. 보통 1호봉당 1~5% 이내의 인상률을 적용하는데 구간에 따라 인상률은 다를 수 있다. 연공급제를 적용받는 구성원은 물가상승률 등이 반영되어 매년 적용되는 인상률에 호봉이 올라가면서 반영되는 호봉 인상률까지 적용받게 된다.

> ❝ 호봉은 호봉 테이블이라는 기준표에 의해서 기본급이 결정된다. 호봉 테이블은 직급별로 구분하고 일반적으로 1호봉에서 30호봉까지로 되어있다. 한 호봉 간 임금 격차(예 : 1호봉과 2호봉 차)는 구간별로 모두 다르나 보통 1%에서 5% 이내이다. 중간 호봉층(5호봉에서 15호봉 사이)의 한 호봉 간 임금 격차가 가장 높고 호봉이 높을수록 임금 격차는 낮아진다. 한 호봉은 보통 1년의 경력을 의미하고, 1월 1일부터 12월 31일까지 적용한다. 연중 임용된 구성원의 경우에는 경력 월수에 따라 연중

에 호봉이 상승할 수도 있다. 승진을 할 경우에는 적용되는 호봉 테이블이 달라지는데 이때 호봉 책정은 기존의 호봉에서 동일하게 이동할 수도 있고 한 호봉이 낮아지거나 높아질 수도 있다. 이는 기관의 규정에 따라 다르다. 이는 승진하는 직급의 구성원 임금 수준을 고려해 기관 차원에서 결정할 사항이다. **"**

(2) 직무급

직무의 상대적 가치를 평가하여 해당 직무를 수행하는 구성원에 그에 적합한 임금을 지급하는 임금 형태이다. 최근 직무 중심으로 교육 및 채용이 변화하면서 직무급제 도입에 대한 필요성도 강하게 제기되고 있다. 연령이나 근속 연수 등의 요소와 상관없이 직무의 난이도와 가치에 따라 임금이 책정되기 때문에 '동일가치노동 동일임금' 원칙이 적용되는 것이다.

직무급 제도를 도입하기 위해서는 전제 조건이 충족되어야 하는데 바로 직무관리를 선행적으로 실시해야 한다. 직무분석으로 직무를 구분하고 직무평가로 직무의 상대적 가치를 평가해 그에 상응하는 보수를 지급하게 해야 한다.

" 공공기관에서 직무관리를 제대로 실시하고 있는 기관은 많지 않다. 아직까지 직무분석이나 직무평가의 중요도 및 필요성을 인식하는 기관이 많지 않기 때문이다. 대부분의 기관에서는 직무분석을 외부 전문 기관에 의뢰하여 추진하는데, 기관 내부 담당 인력의 전문성이 부족하기 때문에 기관의 직무관리 계획을 수립하고 직무급제와 연계해 임금 체계를 설계하는데 한계가 있는 것이다. 직무관리 분야는 인사관리의 핵심 분야로 직무 수행을 위해서는 전문지식과 경험이 필수적인데 이러한 직무를 수행할 수 있는 인력이 부족한 것이 현실이다. 예전에 했던 관행대로(직급별로 직무 구별이 없는 업무분장표) 직무를 분류하고 적용하는 사례가 다수이기 때문에 공공기관에서 직무관리 분야가 발전하기에는 한계가 있다. 다만 최근 공공기관에서 직무 중심의 채용과 교육 등이 활성화되고 정부 지침이 직무 중심으로 인력을 운영하는 것이기 때문에 직무관리의 중요성을 점점 인식하는 추세이다. **"**

하지만 이론적으로 완전한 직무급제를 적용하는 것은 한계가 있다. 공공기관에서는 순환 보직을 정기적으로 실시하고 직무별 중요도나 난이도를 평가하는 기준을 마련하는데 이해관계자가 많기 때문에 어려움이 있다. 그리고 임금이라는 것은 근로자에게는 생계 수단이기 때문에 미래 예측성이 있어야 하는데, 직무급을 도입할 경우 어느 직무를 수행하느냐에 따라 임금 차이가 발생할 수 있어 직무급 제도를 도입하기 위해서는 상당한 난제가 있을 수 있다.

다만 '동일가치노동 동일임금'의 취지와 직무 중심의 인력 운영에 대한 사회적 공감대가 형성되고 있기 때문에 직무급 도입의 필요성은 공감하고 있다. 최근 설립된 기관은 직무급제로 임금 체계를 설계하고 있다. 직무분석을 통해 해당 기관의 직무를 도출하고 직무기술서를 생성하며 분석된 직무를 상대적 가치 등에 따라 직무평가를 하는데, 직무별 난이도와 중요도 등을 고려해 평가를 한다. 이때 주로 점수법이나 서열법, 요소비교법 등을 활용하는데 기관의 여건에 따라 평가 방법을 적용하면 된다. 평가 방법이 결정되면 직급과 연동해서 직무별 등급을 나누고 직무 등급에 따라 해당 직무를 수행하는 구성원의 임금을 결정한다.

직무급 제도의 임금 구성은 직무를 고려한 기본급(연봉)과 성과급, 기타 수당으로 간결하게 구성된다. 이때 기본급과 성과급은 기준 보수가 된다. 직무급 제도는 도입하는 것도 어렵지만 운영하는 데는 더 많은 어려움이 있을 수 있다. 고려해야 할 변수가 많고 이해관계자가 계속적으로 생기기 때문이다. 그리고 임금을 적용하는 데도 반영해야 할 요소가 많이 있다.

〈연공급제와 직무급제도의 장단점 비교〉

구분	연공급제	직무급제
정의	개개인의 학력·자격·연령 등을 감안하여 근속연수에 따라 임금수준을 결정하는 임금 체계	직무평가에 의하여 평정된 각 직무의 상대적 가치에 따라 개별 임금이 결정되는 임금 체계
장점	• 기관에 대한 애사심 증대 • 근속연수와 연령 등의 존중으로 위계 및 사기 유지 • 관리 및 적용 용이	• 직무에 상응하는 급여 지급 • 개인별 임금 차 불만 해소 • 인건비 효율 증대
단점	• 직무에 상응하는 급여 지급 • 개인별 임금 차 불만 해소 • 인건비 효율 증대	• 절차가 복잡함 • 인사관리의 융통성 결여 • 학력/연공 중심의 풍토에서 오는 저항 및 종신 고용 풍토의 혼란

직무급 제도를 도입해 적용하기 위해서는 제도 운영을 효율적으로 할 수 있는 전문 인력 확보가 필요하다. 장기적인 관점에서 임금관리를 전문적으로 수행할 수 있는 인력을 충원해야 한다. 그리고 내부 구성원 중 능력 있는 구성원을 육성시켜 제도의 운영과 정착에 충분한 시간과 예산을 투입해야 제도의 성공적인 운영이 가능할 것이다.

04 임금피크제

우리나라는 근로자의 정년을 법령에서 규정하고 있다. 「고용상 연령차별금지 및 고령자고용촉진에 관한 법률」(약칭: 고령자고용법)에서 사용자는 근로자의 정년을 60세 이상으로 정하여야 한다고 규정하고 2016년 1월부터 단계적으로 적용하고 있다. 임금피크제는 근로자의 정년이 60세 이상으로 규정되어 공공기관의 인건비 증가, 신규 채용 감소 등의 문제를 해결하고자 2016년부터 도입하여 운영하고 있다.

임금피크제는 사용자가 근로자에게 일정 연령 이상까지 고용을 보장하는 조건으로 임금을 조정하는 제도이며 그 종류는 3가지가 있다.

첫째, 정년보장형은 사용자가 근로자에게 내규에서 정한 정년을 보장해 주는 것을 전제로 임금을 조정하는 제도이다. 대부분의 공공기관에서 적용하고 있는 방법인데, 공공기관의 정년은 만 60세 또는 만 61세다 보니 정년을 보장하고 2년에서 3년 전부터 임금을 감액 조정한다.

둘째, 정년연장형은 사용자가 근로자에게 내규에서 정한 정년을 연장하는 것을 전제로 임금을 조정하는 제도이다. 정년이 60세 미만인 기관에서 적용하는 방법인데 정년을 60세로 연장하면서 연장된 정년 도래 2년에서 3년 전부터 임금을 감액 조정한다.

셋째, 고용연장형은 사용자가 근로자에게 정년퇴직 이후 계약직 등의 형식으로 고용하는 대신 임금을 조정하는 제도이나 공공기관에서는 적용하지 않고 있다.

> **❝** 공공기관의 정년은 임금피크 제도가 도입되기 전부터 대부분 만 60세 또는 만 61세였다. 그래서 대부분의 기관에서 정년보장형으로 제도를 설계해 운영하고 있고, 기관의 여건에 따라 감액률과 적용 기간 등은 차이가 있다. **❞**

공공기관은 기관의 인력 규모나 보직 상황 등을 고려하여 임금피크 제도를 설계하는데, 제도 설계 시 가장 중요한 것은 임금 감액률과 적용 기간이다. 임금 감액은 임금피크제 적용 대상자의 임금을 감액해서 신규 인력을 충원할 수 있을 정도의 임금을 기준으로 설정한다. 일반적으로 제도 적용 전 임금의 약 35%에서 45% 사이에서 임금 감액률을 결정한다.(간부직 및 비간부직, 직급별, 직종별 다르게 운영 가능)

적용 기간은 2년에서 3년 정도로 정하는데 기관에 따라서는 1년으로 운영할 수도 있다. 신생 기관으로 인력 규모가 작고 보직 운영에 어려움이 있을 경우에는 1년으로 적용 기간을 운영하기도 한다. 적용 기간에 따른 임금 감액 기준은 1년 차에는 10% 내외, 2년 차 15% 내외, 3년 차에 20% 내외에서 결정하고, 신규 인력은 임금피크제 적용 마지막 연도를 기준으로 채용한다.

임금피크제 적용 대상자는 별도 정원으로 반영하며, 직급은 별도직군 또는 초임 직급으로 구분한다. 임금피크제 적용 대상자 중 별도직군 전환 인원은 종전 직급에서 제외하고 별도직군으로 전환해 별도 관리하는 것이고, 초임 직급은 임금피크제 적용 대상자를 직전 직급의 현원으로 관리하고 초임 직급의 별도 정원으로 신규 채용하는 것을 말한다.

❝ 별도 정원은 매년 말일(12월 31일)을 기준으로 정부에서 확정하는데 별도 정원은 바로 신규 채용 규모와 같다. 별도 정원 = 별도직군 정원 + 초임 직급 정원 ❞

별도직군으로 전환된 임금피크제 적용 대상자는 별도직군에 적합한 직무를 부여해야 한다. 기관에서는 기관 특성을 고려해 대략적으로 10개 내외의 별도직 직무를 개발해 운영하고 있다. 대부분 자문관, 전문관, 감독관 등으로 직무를 부여한다.

❝ 별도직군 전환자는 임금이 40% 내외에서 감액되기 때문에 책임과 권한이 있는 보직을 부여하는 것은 적절하지 않다. 그래서 별도직군으로 전환된 직원의 경우에는 기관의 행정이나 사업, 연구, 교육 등의 자

문이나 지원의 역할을 수행하고 있다. 다만 형식적으로 운영될 소지가 있기 때문에 일반 직원들과 접촉면을 넓히면서 별도직군 전환자의 행정 경험과 업무성과 등을 공유할 수 있는 여건을 조성하는 것이 중요하다. **"**

별도직군으로 전환됐다는 것은 정년퇴직을 일정 기간 앞두고 있다는 의미이기 때문에 기관 차원에서 전직 준비를 할 수 있도록 여건을 보장할 필요가 있다. 전직 교육 프로그램 마련이나 외부 기관에서 실시하는 교육 프로그램 참여 등 교육비와 기간을 배려하는 것이 좋다. 그리고 제2의 인생을 도모하기 위한 기간을 부여하고 공로연수 프로그램을 개발해 적용하는 것도 좋은 방안이다.

교육 여건 보장 차원에서 노사합의하에 근무시간 단축제나 시간 선택제 등을 활용하는 것도 고려해 볼 만하다. 임금피크제가 공공기관에 도입된 지 4년 차로 아직까지 별도직군 운영에 대해서 참고할 만한 사례들이 많지 않다. 제도를 설계하고 운영하며 정착시키는 것도 기관 구성원의 몫이다. 사용자와 노동조합, 그리고 구성원들이 상호 협력하여 제2의 인생을 도모하는 별도직군 전환자를 위한 제도를 마련하는 것이 중요하다.

〈임금피크제 추진 계획 사례〉

1. 개 요

◼ 추진 배경

o (정부 권고) 「고령자고용촉진법 개정('13년 5월)」으로 2016년부터 만 60세 정년이 보장됨에 따라 인건비 증가, 신규 채용 감소 등 문제점 발생
- 고령자 임직원의 인건비 부담을 완화하고 청년 일자리를 창출할 수 있도록 공공기관의 임금피크제 도입

o (기본 개념) 임금피크제는 사업주가 근로자에게 일정 연령 이상까지 고용을 보장하는 조건으로 임금을 조정하는 제도
- 정년보장형·정년연장형·고용연장형이 있으며 우리 기관은 정년보장형*에 해당
  * 정년보장형은 사업주가 근로자에게 취업규칙 등에서 정한 정년을 보장해 주는 것을 전제로 임금을 조정하는 제도

◼ 연도별 퇴직자 현황

(기준 : '00.00.00, 임원 o명 제외)

구분	계	'20	'21	'22	'23	'24	'25	'26
인원	oo	–	oo	oo	o	oo	o	–
출생년도	–	'00년생	'00년생	'00년생	'00년생	'00년생	'00년생	'00년생

* 연령별 인력 분포 : 20대 0명, 30대 00명, 40대 000명, 50대 00명
** 기관 정년은 「인사규정」에 따라 만 60세로 하고 그 정년에 달한 달이 1~6월 사이에 있는 경우는 6월 30일, 7~12월 사이에 있는 경우에는 12월 31일로 함

2. 도입 계획(안)

o (정부권고(안)) 정부에서는 기관의 여건에 따라 합리적 기준으로 제도를 설계할 수 있도록 기준 제시

① 임금피크제 관련 신규 채용 인원(별도정원)의 인건비는 임금피크제 절감 재원을 통해 충당하는 것을 원칙으로 함

② 임금 지급률과 임금 조정 기간 등 임금피크제 세부 사항은 기관의 연령 분포, 임금 체계 등을 감안하여 합리적으로 설계하되,

  – 총인건비 인상률 한도 범위 내에서 임금피크제와 관련하여 설정한 신규 채용 목표 인원의 인건비가 충당되도록 설계

③ 임금지급률은 간부직과 비간부직, 직급별, 직종별 또는 임금피크제 대상자의 직무 등에 따라 달리 설정 가능하며,

  – 임금 조정 기간도 정년 연장 기간 등을 고려하여 설정

◼ **임금피크제 적용 대상** : 정년(만 60세)이 보장된 직원

◼ **임금 조정 기간**

○ (개념) 임금 조정 기간은 임금피크제 적용 대상자의 정년을 기준으로 일정 기간 동안 임금을 현재 기준에서 감액하는 기간을 말하며

  – 임금피크제에 따른 절감 재원 대비 신규 채용 인원의 인건비 충당비율 등을 고려하여 산정

○ (적용(안)) 적용 대상자가 대부분 보직자인 점과 대상자의 임금 절감 부담, 신규 채용 인원의 인건비 안정적 조달 등을 고려하여

  – 임금조정기간*은 2년으로 함

  * 임금피크제 적용 대상자 의견 수렴 결과 2년으로 하는 것이 타당하다는 의견이 다수임

◼ **임금 지급률**

○ (개념) 임금 조정 기간 동안 임금피크제 적용 대상자에게 지급되는 인건비율을 말하는 것으로, 일정 비율을 감액하고 지급함

  – 감액 금액은 신규 인력 채용 시 인건비로 충당

o (적용(안)) 임금 조정 기간과 동일한 근거 등을 고려하고 경력이 없는 원급의 신입 직원(경력 3년 이내)을 채용 조건으로 하여,

- 임금지급율*은 60%로 함.(감액률 40%)

* 감액 대상 급여는 임금피크제 적용 前 총 보수액을 말함

▣ 임금피크 대상자 및 임금피크제 관련 신규 채용 규모

(단위 : 명)

구분	'20	'21	'22	'23	'24
임금피크 대상자(누적)	–	○	○○	○○	○○
연도별 신규 채용 목표	–	○	○○	○○	○
연도말 별도정원*	–	○	○○	○	○

* 별도정원은 대상자가 발생한 해당 연도의 6월 30일, 12월 31일을 기준으로 적용

▣ 임금피크 절감 재원 및 임금피크제 관련 신규 채용 인건비 소요

o (전제 조건) 매년 3% 인건비 상승하고 임금피크제 임금 조정 기간 도래 前 총인건비의 40% 감액

(단위 : 백만 원)

구분	'20	'21	'22
임금피크 대상자 감액 전 연봉 총액(A)	0000	0000	0000
임금피크 절감 재원(B)	000	000	00
평균 감액률(C = B/A)	15%	40%	40%
별도정원 인건비 소요액(D)	000	000	–
충당 비율(E = B/D)	105%	104%	–

* 임금피크제 절감재원이 남는 경우에는 해당 재원을 기존 직원 처우 개선분으로 활용 가능(정부 권고안)

▣ 임금피크 대상자 정원 관리 및 직무

o (별도직군) 임금피크 적용 대상자는 정년 2년이 도래하는 날에 별도직군으로

전환하여 임용

– 별도직군으로 전환되는 대상자가 보직자일 경우에는 보직에서 면하고 별도
직무*를 부여

* 별도 직무는 임금 삭감된 급여 수준에 상응하는 책임 있는 직무를 개발하여 부여 예
정('00년 말까지 개발 예정)

○ (정원 규모) 권고(안)에 따라 임금피크제 직원들 중 퇴직이 2년 남은 직원의 규모
만큼을 별도정원으로 관리

▣ **추진 일정**

○ ('00년 00월~00월) 노동조합 협의, 제도 설계 및 직원 의견수렴, 직원 설명회
○ ('00년 00월~00월) 인사위원회 및 이사회 개최, 취업 규칙 변경신고
  * 인사규정 및 직제규정, 보수규정 등 관련 제 규정 개정 및 제정
○ ('00년 하반기) 별도직군 별도 직무 개발 연구 용역
○ ('00년 00월 00일) 임금피크제 적용대상자 발생·시행

붙임 1. 타 공공기관 임금피크제 제도 설계 현황 1부.
   2. 별도직 관리 세칙(안) 1부. 끝.

〈별도직군 적용 직무 사례〉

▣ **직무 현황**

분류	직무	주요 업무내용
경영 지원	대외협력관	기관의 대내외 유관기관 협력 자문 국회 대관 업무 지원
	공직윤리관리전문관	기관 직원 공직윤리체계 확인 및 자문 내부 구성원 대상 청렴 교육 수행에 관련한 사항
	행정체계개선전문관	기관에서 행해지는 행정 절차 모니터링 부서 간 협업 체계 확인 및 자문

분류	직무	주요 업무내용
사업 지원	사업실적관리자문관	연간 사업추진계획 및 실적 관련 자문
	사업추진안전관	사업 추진 과정에서 발생할 수 있는 안전사고 모니터링 및 자문
연구 지원	과제선정조정관	기관 연구위원회 참석하여 과제 선정 자문 기관 연구 중장기 발전 계획 자문
	연구역량강화전문관	연구원의 역량 강화 교육 자문 연구 수행 관련 대외기관 네크워크 관리

▣ **별도직군 관리**

○ 직무별 업무 지원 및 자문 실적 관리

  * 분기별로 자문 활동 내역 작성 후 보고(사례 공유)

○ 연간 1회 실적발표회 개최

  * 별도직군의 업무 노하우를 공유할 수 있도록 월례회의 시 해당 직무 성과 발표

○ 1년의 범위 내에서 근로시간 단축(시간선택제 운영 가능)

  * 노동조합과의 합의를 통해서 제도 설계

▣ **교육훈련 계획**

○ 전직 준비를 할 수 있도록 교육훈련 비용 지원

  * 연간 ○○○만 원 범위 내

○ 공로연수제도를 활용한 전직 전문 교육 실시

  * 퇴직 전 3개월의 범위 내에서 연수 제도 운영

05 퇴직금

퇴직금은 근로자가 직장을 이탈(정년퇴직, 이직, 퇴사, 해고 등)했을 때 일정 기간 동안 생계를 유지할 수 있도록 만든 제도이다. 사용자는 계

속 근로기간 1년에 대하여 30일분 이상의 평균임금을 퇴직금으로 퇴직근로자에게 지급해야 한다.(「근로자퇴직급여 보장법」제8조제1항)

공공기관은 퇴직금을 연금 형태로 관리하는데 이를 퇴직연금제도라고 한다. 근로자의 노후 소득 보장과 생활 안정을 위해 근로자 재직 기간 중 사용자가 퇴직금 재원을 금융 회사에 적립하고 이 재원을 사용자 또는 근로자가 운용하여 근로자가 직장을 이탈했을 때 연금 또는 일시금으로 지급하는 제도이다.

> **❝** 100세 시대라는 말이 있다. 인간의 수명이 길어지면서 근로 소득이 없을 때를 대비하여 연금을 사전에 가입하고 노후 생활을 안정적으로 영위할 수 있도록 준비해야 한다. 정부에서는 두 가지 안전장치를 마련하고 있는데 그것이 바로 국민연금과 퇴직연금이다. 기초생활보장을 목적으로 국가가 보장하는 국민연금과 안정적인 생활을 보장하기 위해 기업이 보장하는 퇴직연금이 그것이다. 이와 더불어 여유 있는 생활을 위하여 개인이 가입하는 개인연금까지 안정적인 노후 보장을 위해서 정부에서는 선진국형 3층 연금 구조를 강조하고 있다. **❞**

퇴직연금제도는 확정급여형(DB)과 확정기여형(DC), 그리고 개인형 퇴직연금(IRP)이 있다.

(1) 확정급여형(DB)

일반 퇴직금과 같은 개념으로 이해하면 된다. 다만 퇴직금을 충당하는 공간이 기관 자체에서 금융 회사로 옮긴 것이 큰 차이점이다. 이는 퇴직 충당금을 기업에서 임의대로 사용하지 못하게 하고 퇴직금 미지급 사태를 사전에 예방하기 위해서다. 확정급여형(DB)은 기업에서 퇴직 충당금을 운영하는 것이기 때문에 운영 수익이 발생하는 것이 나의 퇴직금과는 아무런 상관이 없다. 기관 입장에서는 운영 수익이 많이 발생하면 그만큼 퇴직 충당금을 적게 납부해도 되니 자금 운영의 여유가 발생한다고 이해하면 된다.

〈확정 급여형(DB) 작용 예〉

○ 재직기간 : 5년 (2018년 1월 1일부터 2023년 12월 31일까지)
○ 1년차 월급 200만원, 2년차 월급 210만원, 3년차 월급 220만원,
  4년차 월급 230만원, 5년차(퇴직년도) 월급 240만원
 * 매년 임금인상률(월 기준) 10만원
○ 퇴직 시 평균임금 : 240만원
○ 확정 급여형 퇴직금 : 240만원 × 5년 = 1200만원

❝ 확정급여형(DB)은 일반 퇴직금과 같이 퇴직금 계산 방법이 동일하다. 평균임금을 계산하고 재직기간을 반영해 퇴직금을 산출하는데 기업에서 퇴직 충당금을 100% 납입했다고 하면 퇴직 충당금을 보관하고 있는 금융 회사에서 100% 퇴직금을 지급할 것이고, 퇴직 충당금이 100%가 안 될 경우에는 미치지 못하는 비율만큼 기관과 금융 회사에서 각각 일정 비율대로 개인계좌(IRP)로 입금하게 된다. 인사쟁이는 퇴직급여의 흐름을 알고 있어야 직원들이 문의했을 때 설명할 수가 있다. ❞

(2) 확정기여형(DC)

사용자가 납입할 부담금(매년 연간 임금 총액의 1/12)이 사전에 확정된 퇴직 연금제도이다. 쉽게 말해서 매년 개인 계좌로 기관에서 1년 치의 퇴직금을 지급하면 개인이 운용하는 형태이다. 이럴 경우 수익과 손실의 책임이 모두 개인에게 있기 때문에 확정기여형(DC)을 선택할 때에는 신중해야 할 필요가 있다. 특히 확정급여형(DB)에서 확정기여형(DC)으로의 전환은 가능하지만 확정기여형(DC)에서 확정급여형(DB)으로의 전환은 불가능하다.

임금피크제 전환 대상자는 퇴직금의 형태를 반드시 확정기여형(DC)으로 해야 한다. 왜냐하면 퇴직금이란 것이 사유 발생 3개월 전의 평균 임금을 기준으로 하기 때문에 임금피크제로 전환하면 임금이 60% 내외로 조정되어 확정급여형(DB)을 유지할 경우에는 퇴직금 총액이 낮아지게 된다. 그래서 임금피크제 전환 시점에 확정기여형(DC)으로 변경하고, 전환 시점을 기준으로 퇴직금 정산을 실시해야 한다.

〈확정 기여형(DC) 작용 예〉

○ 재직기간 : 5년 (2018년 1월 1일부터 2023년 12월 31일까지)
  1년차 월급 200만원, 2년차 월급 210만원, 3년차 월급 220만원,
  4년차 월급 230만원, 5년차(퇴직년도) 월급 240만원
○ 회사 부담금 합계 : 1,100만원
○ 확정 기여형 퇴직금 : 1,100만원 × 매년운영성과 누적합계(α)
  * 최종 퇴직금은 운영성과에 따라 달라질 수 있음

- 1년차 : 1년 만기 부담금 200만원
- 2년차 : (200만원+210만원)×운영성과
- 3년차 : (2년차+220만원)×운영성과
- 4년차 : (3년차+230만원)×운영성과
- 5년차 : (4년차+240만원)×운영성과 → 퇴직 시 받는 퇴직금

(3) 개인형 퇴직연금제도(IRP)

근로자가 재직 중에 자율로 가입하거나 이직 시 받은 퇴직급여 일시금을 계속해서 적립·운용할 수 있는 퇴직연금 제도이다. 일반적으로 근로자가 퇴직하게 되면 IRP 통장을 개설해 퇴직금을 해당 계좌로 이체하게 되고 근로자가 그 계좌를 통해서 퇴직금을 관리하게 된다.

퇴직금은 노후 보장을 위한 마지막 생명줄과 같다. 퇴직금 운용 및 관리 회사를 선정할 때는 조직 구성원이 동의하는 금융 회사를 선정하는 것이 좋고, 그 과정 속에서 노동조합과 원만한 협의를 해야 한다. 퇴직연금을 운용함에 있어서 인사쟁이가 잊지 말아야 하는 것은 바로 안정적 운용이다. 퇴직연금은 수익률이 좋다고 해서 좋은 것이 아니고, 수익률이 낮다고 해서 나쁜 것도 아니다. 첫째도 안전, 둘째도 안전한 자산 관리이다. 퇴직금 관리는 조직 구성원의 미래를 관리하고 책임진다고 생각하면 된다.

5. 복무관리

직장 생활을 하는 근로자 입장에서 임금 다음으로 관심을 가지는 사항이 근로시간과 쉬는 날이다. 인간은 기계가 아닌 이상 일정 정도의 휴식은 보장되어야 한다. 적당한 휴식은 근로 의욕을 고취시키고 생산성 향상에 기여하기 때문에 기관에서는 「근로기준법」 또는 「국가공무원 복무규정」에 따라 기관 자체적인 복무관리 규정이나 복무관리 계획을 수립해 추진한다.

복무관리는 근로시간(출퇴근 관리), 휴가, 휴직, 휴일, 휴게 시간을 비롯해 조직 구성원이 조직 생활을 하는데 필요한 복리후생 제도를 총망라한다. 선택적 복지 제도에서부터 일과 삶의 균형을 위한 제도까지 구성원이 직무에만 집중할 수 있는 근무 여건을 조성하는 분야이다.

❝ 복무관리 업무는 기관에 따라 인사부서 또는 총무부서에서 수행할 수 있다. 직무를 부서에 분장하는 것은 정해진 원칙과 규정이 없기 때문에 기관의 역사와 전통, 기관장의 방침에 따라 결정할 수 있다. **❞**

01 근로시간

(1) 임금과 직결되는 근로시간

근로자는 근로의 대가로 임금을 받는데 근로자가 사용자에게 제공하는 근로의 시간을 어떻게 정하느냐가 중요하다. 근로시간이란 사용자의 지휘 감독(묵시적인 것도 포함) 아래서 근로 계약상의 근로를 제공하는 시간을 말한다. 근로자가 실제로 근로를 제공하지 않더라도 그의 노동력을 사용자의 처분 아래에 둔 시간도 근로시간에 해당한다. 즉 사용자를 위해서 일한 시간을 근로시간이라고 하는데 사용자와 근로계약을 통해서 약정하는 시간을 말한다.

근로시간은 1주(7일)간 휴게 시간을 제외하고는 40시간을 초과할 수 없고, 1일은 휴게 시간을 제외하고 8시간을 초과할 수 없다. 이를 법정 근로시간이라 한다. 법정 근로시간은 법령에서 정하고 있는 기본적인 근로시간으로 근로자에게 유리하게 근로시간을 약정하면 문제가 없으나, 만약 법정 근로시간보다 더 많은 근로를 하는 것으로 계약했다면 그 자체는 무효가 되고 사용자는 처벌을 받을 수 있다.

법정 근로시간 외에 중요한 개념이 소정근로시간이다. 법령에서 정하고 있는 근로시간의 범위 내에서 사용자와 근로자가 약정한 근로시간을 말한다. 공공기관에서는 소정근로시간을 법정 근로시간과 동일하게 적용하는데 주 40시간, 1일 8시간, 월 209시간을 소정근로시간으로 정하고 있다. 소정근로시간이 중요한 이유는 사용자와 근로자가 약정한 기준 근로시간이기 때문이다. 이 시간을 초과하게 되면 초과 근로에 대한 수당을 별도로 지급해야 하고, 법령에서 허용하는 초과 근로 범위를 넘으면 처벌을 받을 수 있다. 그래서 인사쟁이는 소정근로시간에 대한 개념을 정확하게 이해하고 있어야 한다.

공공기관은 출퇴근 시간과 소정근로시간 등을 기관 자체의 규정에 명시하고 관리한다. 소정근로시간을 초과하는 경우에는 예산의 범위 내에서 초과 근로를 한 시간만큼 수당을 지급하는데, 연장·야간·휴일 근로를 할 경우에는 각각 통상시급의 50%를 가산금으로 지급한다. 만약 연장 근로와 야간 근로(22시부터 익일 6시)를 연속적으로 근로한다면 연장으로 인한 50%와 야간 근로에 따른 가산금 50%를 각각 더해서 총 100%를 가산한 초과근로수당을 지급해야 한다.

❝ 공공기관에서는 예산이 한정되어 있기 때문에 예산의 범위 내에서만 초과 근로를 할 수 있다. 초과 근로를 하면 그에 상응하는 수당을 지급해야 하는데 예산이 무한정 있는 것이 아니기 때문에 개인당 월 지급할 수 있는 초과근로수당(월 최고 30만 원 한도 내) 금액이 정해져 있다. 개인별로 설정된 금액을 초과하게 되면 추가적으로 초과 근로를 할 수 없도록 시스템이 마련되어 있다. 최근에는 일과 삶의 균형이 중요해지고, 주 52시간제가 본격적으로 도입되면서 공공기관에서는 초과 근무를 자제하는 분위기이다. ❞

(2) 일과 삶의 균형을 위한 유연근로시간제 도입

일과 삶의 균형이 중요해지고, 주 52시간이 본격적으로 도입되면서 유연근로시간제에 대한 관심이 많아지고 있다. 공공기관에서는 대부분 유연근로시간제를 운영하고 있는데, 유연근로시간제는 근로시간의 결정을 탄력적으로 운영할 수 있도록 하는 제도이다. 업무량에 따라 근로시간을 적절하게 분배하거나, 근로자의 선택으로 근로시간을 유연하고 효율적으로 운영할 수 있다. 공공기관은 노동조합과 합의를 통해서 다양한 형태의 유연근로시간제를 운영하고 있는데, 법령에 따른 제도와 노사가 합의하에 자율적으로 운영하는 제도가 있다. 법령에 따른 제도는 탄력적 근로시간제, 선택적 근로시간제 등이 있고 자율적 합의에 따라 운영하는 제도는 시간제근로, 탄력근무제(시차출퇴근제, 근무시간선택제 등), 원격근무제 등이 있다.

① 「근로기준법」상 유연근로시간제도

「근로기준법」상 유연근로시간제는 탄력적 근로시간제, 선택적 근로시간제, 사업장 밖 간주근로시간제, 재량 근로시간제 등이 있다.

탄력적 근로시간제 🖎

일정기간(2주 단위 등)을 정하여 일이 많은 주(일)의 근로시간을 늘리는 대신 다른 주(일)의 근로시간을 줄여 평균적으로 주 40시간 내로 근로시간을 맞추는 제도다. 주로 계절적 영향을 받거나 시기별 업무량 편차가 많은 업종 등에서 활용을 많이 하고 있다.

선택적 근로시간제 🖎

일정 기간(1월 이내)의 단위로 정해진 총 근로시간 범위 내에서 업무의 시작 및 종료시각, 1일의 근로시간을 근로자가 자율적으로 결정할 수 있는 제도이다. 주로 근로시간에 따라 업무량의 편차가 발생하여 업무

조율이 가능한 소프트웨어 개발, 금융거래 관련 업종, 연구나 디자인, 설계 등의 업종에 적합한 제도이다.

사업장 밖 간주근로시간제 ✍

출장 등 사유로 근로시간의 전부 또는 일부를 사업장 밖에서 근로하여 근로시간을 산정하기 어려운 경우에 소정근로시간 또는 업무 수행에 통상 필요한 시간을 근로한 것으로 인정하는 근로 제도이다. 대부분 사업장 밖에서 근로하는 영업직이나 A/S 업무, 출장 업무 등이 적합하다.

재량근로시간제 ✍

업무의 성질에 비추어 업무 수행 방법을 근로자의 재량에 위임할 필요가 있는 업무로서 사용자가 근로자 대표와 서면 합의로 정한 근로시간을 근로한 것으로 인정하는 제도이다. 전문 지식을 갖춘 연구나 대행, 감정, 조언, 상담 등의 업무에 적합하다.

> ❝ 법령에 의한 유연근로시간제는 일정 기간 내에 반드시 준수해야 하는 사항들이 많이 있다. 예로 노동조합과의 서면 합의나 관련 규정에 명시적으로 규정화되어 있어야 하는 부분들이 있고, 미준수할 경우 관련 법령 위반의 소지가 있어 차후 분쟁의 소지가 있을 수 있다. 그래서 공공기관에서는 법령의 구애를 받지 않고 노사합의로 자율적으로 운영할 수 있는 제도를 선호한다. ❞

<h3>〈근로기준법상 유연근로시간제도 설명〉</h3>

구분	개념	효과
탄력적 근로 시간제	• 2주 이내의 일정 기간 동안 주 평균 40시간 범위 내 탄력적 운영 (주 48시간 초과 금지) • 3개월 이내 일정 기간 동안 주 평균 40시간 범위 내 탄력적 운영 (특정일 12시간, 특정 주 52시간 초과 금지) • 6개월 이내 일정 기간 동안 주 평균 40시간 범위 내 탄력적 운영 (특정일 12시간, 특정 주 52시간 초과 금지, ※ 근로일 종료 후 다음 근로일 개시 전까지 근로자에게 연속하여 11시간 이상 휴식시간 부여)	• 특정일에 8시간, 특정 주에 40시간을 초과하더라도 연장근로수당 지급 의무 없음
선택적 근로 시간제	• 업무의 시작 및 종료 시간을 근로자 결정에 맡기기로 한 근로자 대상 • 1개월 이내의 정산 기간 동안 주 평균 40시간 범위 내 탄력적 운용	• 특정일에 8시간, 특정 주에 40시간을 초과하더라도 연장근로수당 지급 의무 없음
간주 근로 시간제	• 사업장 밖에서 근무하는 시간에 대한 근로 시간 산정을 합의로 정함	• 정해진 시간을 근로 시간으로 간주
재량 근로 시간제	• 업무의 수행 수단 및 시간 배분 등을 근로자 재량에 맡김	• 야간, 휴일근로수당 미발생

② 노사의 자율적 합의에 의한 유연근무제

시간제근로 🖊

시간제근로는 주 40시간보다 짧은 시간을 근로하는 제도로 오전과 오후로 구분해서 근로시간을 사용자와 약정하고 근로시간이 줄어드는 대신 그만큼 임금도 줄어드는 제도이다. 전일제 근로자가 개인적 사유로 시간 단위 또는 오전(09시~12시), 오후(14~18시 or 13~18시)만 근로하겠다고 신청하면 일정 기간(1년 단위) 또는 정년 시까지 근무 형태를 변경해 운영할 수 있다. 일반적으로 자녀를 돌보거나 가족 간호 등을 위해서 많이 활용하고 있고, 일자리를 나누는 차원에서 공무원이나 공공기관에서 활용하는 제도이다.

> **❝** 시간제근로는 일자리를 나눈다는 차원에서 공공기관에서 적극적으로 제도를 도입하고 시행했으나, 업무의 연속적 추진이 어렵고 근로시간 축소에 따른 임금 감소로 인해서 기존 구성원의 신청이 저조하여 내부 직원의 전환 실적은 미미한 수준이다. 다만 시간제근로로 신규 채용한 경우에는 직무의 특성을 고려해 적절하게 운영하고 있는 기관의 사례도 다수 있다. **❞**

탄력근무제 ✑

주 40시간을 근무하는 것을 전제로 출퇴근 시간, 근로시간, 근로일을 자율적으로 조정하는 제도이다. 공공기관에서 가장 많이 활용하고 있는 제도인데, 유형별로 소개하면 시차출퇴근형, 근무시간선택형, 집약근무형, 재량근무형 등이 있다. 이중에서 시차출퇴근형과 근무시간선택형을 가장 많이 활용하고 있다.

시차출퇴근형 ✑

1일 8시간 근로 체제를 유지하면서 출근 시간을 자율적으로 결정하는 방법이다. 대체적으로 30분 단위로 3가지 또는 4가지 유형으로 정해서 시행하고 있다. 근무시간선택형은 주 5일 근로를 전제로 1일 8시간에 구애받지 않고 근로시간(출·퇴근 시각)을 자율적으로 조정하는 유형이다. 이 제도도 마찬가지로 몇 가지 유형을 기관에서 설정해 운영하고 있다. 그 외에도 주 5일 미만 근로를 할 수 있는 집약근무형과 출퇴근의 의무 없이 프로젝트 수행으로 주 40시간을 인정하는 재량근무형 등이 있다. 하지만 집약근무형과 재량근무형은 우리나라 조직 문화에는 익숙하지 않은 근로 형태이기 때문에 많이 활성화되고 있지는 않다.

❝ 근로기준법상 명시되어 있는 선택적 근로시간제와 공공기관에서 일반적으로 운영하고 있는 시차출퇴근형의 차이는 일일, 주 단위 근로시간 준수 여부이다. 선택적 근로시간제는 1개월의 범위 내에서 근로자에게 근로일별 업무의 시작과 종료 시간을 재량에 맡기는 제도로 1일 8시간, 주 40시간이 적용되지 않지만(이 시간을 초과해도 연장근로 가산수당 미발생), 시차출퇴근형은 기본적으로 1일 8시간, 주 40시간을 전제로 운영되고 이를 초과할 경우 연장근로 가산수당이 발생한다. **❞**

〈시차출퇴근형과 근무시간선택형 적용 사례〉

▣ **시차출퇴근형**
◦ 1일 8시간, 주 40시간 근로를 전제로 제도 운영

구분	출근시간	퇴근시간	비고
A유형	08 : 00	17 : 00	
B유형	08 : 30	17 : 30	
C유형	09 : 30	18 : 30	
D유형	10 : 00	19 : 00	

▣ 근무시간선택형

적용 1안)

구분	월	화	수	목	금
근로 시간	09:00 〜16:00	09:00 〜21:00	09:00 〜21:00	09:00 〜21:00	08:00 〜12:00
시간수	6시간	10시간	10시간	10시간	4시간

* 휴게시간 12〜13시, 18〜19시

적용 2안)

구분	월	화	수	목	금
근로 시간	14:00 〜18:00	09:00 〜21:00	09:00 〜21:00	09:00 〜21:00	08:00 〜14:00
시간수	4시간	10시간	10시간	10시간	6시간

* 휴게시간 12〜13시, 18〜19시

적용 3안)

구분	월	화	수	목	금
근로 시간	10:00 〜18:00	09:00 〜21:00	09:00 〜21:00	09:00 〜21:00	09:00 〜12:00
시간수	7시간	10시간	10시간	10시간	3시간

* 휴게시간 12〜13시, 18〜19시

원격근무제 🖉

특정한 근무 장소를 정하지 않고, 정보통신망을 이용하여 근로하는 제도로 유형에는 재택근무형과 스마트워크근무형이 있다. 재택근무형은 사무실이 아닌 자택에서 근무하는 제도로 혼자 추진할 수 있는 프로젝트나 전문적 지식이나 기술, 자격을 바탕으로 독립적인 직무를 수행할 때 활용한다. 스마트워크근무형은 자택 인근에 설치된 스마트워크 센터를 이용하여 근무하는 제도로 모바일 기기를 이용해 사무실이 아닌 장소에서 근무하는 제도이다.

원격근무제도는 공공기관에서 활성화된 제도는 아니다. 우리나라 공공기관은 구성원과 함께 근무하는 조직 문화를 가지고 있으며, 구성원과의 상호 대면을 통해서 직무를 수행하는 업무 형태이다. 조직 내에서 개인 단독으로 직무를 수행하는 업무는 거의 없고 대부분 구성원이 모여서 업무를 수행하는데 익숙하기 때문에 원격근무제는 아직까지 공공기관에 정착되기에는 시기상조이다. 다만 장거리 출장 시 사무 공간이 필요할 경우 전국에 지정되어 설치된 스마트워크 센터를 활용하는 빈도는 높아지고 있다.

02 휴가·휴일 및 휴직

직장생활을 하면서 월급날을 제외하고 가장 기다려지는 날이 바로 휴가 또는 휴일이다. 이유는 단 한 가지이다. 쉴 수 있기 때문이다. 내 의지대로 행동할 수 있고, 제3자의 눈치와 간섭을 받지 않을 수 있는 권리를 누릴 수 있는 유일한 날이 휴가 기간과 휴일이다. 공공기관은 「근로기준법」 등 관련 법령을 기준으로 휴가 및 휴직 등의 구체적인 적용 방안을 마련하는데 일반적으로 국가 공무원에게 적용하는 기준을 준용하고 있다.

(1) 휴가는 법정 휴가와 약정 휴가가 있다

휴가는 근로자의 청구에 의해서 사용자의 승인하에 근로 의무를 면제받는 날이다. 원래 근로 의무가 있는 날이지만 관련 법령이나 노사 합의에 의해 발생한다. 「근로기준법」과 「남녀고용평등과 일·가정 양립 지원에 관란 법률」에서 규정한 휴가를 법정 휴가라고 하는데 법정 휴가에는 연차유급휴가, 생리휴가, 출산전후휴가, 배우자출산휴가, 가족돌봄휴가가 있다. 그리고 노사 합의에 의해 발생한 휴가는 약정 휴가로 단체협약이나 기관 내 규정, 근로계약서 등에 자율적인 약정에 의해 휴가를 반영한 것을 말한다.

법정 휴가는 법령에서 규정하고 있는 휴가이기 때문에 사용자는 근로자에게 법령에서 정하고 있는 휴가를 반드시 부여해야 한다. 대표적인 법정 휴가는 연차유급휴가와 출산전후휴가, 생리휴가, 배우자출산휴가, 가족돌봄휴가가 있는데 생리휴가와 가족돌봄휴가는 원칙적으로 무급으로 처리한다. 다만, 노사 합의에 따라서는 해당 휴가를 유급 휴가로 적용할 수도 있다.

> **❝** 출산전후휴가는 90일(다태아일 경우 120일)의 유급 휴가로 기관의 규모에 따라 정부 지원 규모가 결정된다. 대규모 기업으로 분류되면 기관에서는 60일(다태아 75일)에 해당하는 임금을 근로자에게 지급하고 나머지 30일(다태아 45일)은 고용보험에서 지급한다. 그러나 기관이 우선 지원 대상 기업으로 분류되면 90일의 급여를 전액 고용보험에서 지급한다. 다만 고용보험에서 지급하는 금액은 상한선(2023년 기준, 30일 최

대 210만원)이 있기 때문에 상한 금액을 초과하는 금액에 대해서는 기관 내 규정에 따라 지급하게 된다. 해당 기관이 대규모 기업 또는 우선 지원 대상 기업으로 분류되었는지 여부는 근로복지공단에 문의하면 확인할 수 있다. **"**

약정 휴가는 일반적으로 특별 휴가를 의미하는데 경조사나 하계휴가 등이 이에 해당한다. 대부분의 공공기관에서는 국가 공무원 수준으로 휴가를 결정하는데 결혼과 출산, 입양, 사망 등으로 구분해서 일정 기간 동안 휴가를 쓸 수 있도록 규정하고 있다. 다만 공공기관에서는 하계휴가나 국가 공무원 수준의 특별 휴가 외에는 추가적으로 약정 휴가를 신설하기는 어렵다. 왜냐하면 '공공기관 방만경영 정상화계획 운영 지침'(2013.12.31.)에 따라 약정 휴가는 국가 공무원 수준에 준하도록 되어 있고, 경영 평가에서도 이를 평가 요소로 반영하고 있기 때문에 대부분의 공공기관에서 국가 공무원 수준으로 약정 휴가를 정하고 있다.

〈약정 휴가 적용 사례〉

구분	대상	일수
결혼	본인	5
	자녀	1
출산	배우자	10
입양	본인	20
사망	배우자, 본인 및 배우자의 부모	5
	본인 및 배우자의 조부모 · 외조부모	3
	자녀와 그 자녀의 배우자	3
	본인 및 배우자의 형제자매	1

※자료: 국가공무원 복무규정

① **연차유급휴가는 근로자에게 주어진 권리이다.**

연차유급휴가는 일정 기간 근로를 한 대가로 사용자가 근로자에게 부여하는 법정 휴가이다. 사용자는 1년간 80% 이상 출근한 근로자에게는 15일의 유급 휴가를 주어야 한다. 그리고 계속 근로기간이 1년 미만이거나 1년 간 80% 미만 출근한 근로자에게는 1개월 개근 시 1일의 유급 휴가를 주도록 되어 있다. 연차유급휴가는 3년 이상 계속 근로한 근로자에게 2년에 대하여 1일을 가산한 유급 휴가를 주는데 최대 25일까지 유급 휴가를 부여할 수 있다.(「근로기준법」 제60조)

일정 기간 동안 출근을 80% 이상 근무한 근로자에게만 연차유급휴가는 주어진다. 올해 소정근로일수의 80% 이상을 근무하지 않으면 다음해에는 정상적인 연차유급휴가가 발생하지 않고, 1개월 개근 시 1일의 휴가만 발생한다. 인사쟁이는 실무를 할 때 이러한 연차유급휴가에 대한 개념을 이해하고 업무를 수행해야 한다.

실무적으로 연차유급휴가는 회계 연도를 기준으로 관리한다. 매년 1월 1일에서 12월 31일까지를 기준으로 전년도 연차유급휴가 충족 요건을 갖추면 다음해에 해당 경력에 따라 연차유급휴가를 부여한다. 연중에 신규 임용자가 채용되면 그 시점부터 12월 31일까지 1개월 만근 시 1일의 연차를 부여하고 다음해부터는 2년 차 연차를 부여하면 된다. 다만 임용된 이후 1년 미만에 근로자가 퇴사하게 되면 총 근로기간을 월 단위로 환산해서 1개월 만근 시 1일씩만 적용해 반영하고 초과 사용한 연차유급휴가는 급여에서 공제하면 된다.

〈연차유급휴가 부여 일수표 사례〉

근무연수	휴가일수	비고
최초 임용연도	매월 1일	※ 1개월 개근 시 1일
임용 2년 차	15일	
임용 3년 차	15일	
임용 4년 차	16일	
임용 5년 차	16일	
임용 6년 차	17일	
임용 7년 차	17일	
임용 8년 차	18일	
임용 9년 차	18일	
임용 10년 차	19일	
임용 11년 차	19일	
임용 12년 차	20일	※ 전년도 소정근로일의 8할을 근무한 경우
임용 13년 차	20일	
임용 14년 차	21일	
임용 15년 차	21일	
임용 16년 차	22일	
임용 17년 차	22일	
임용 18년 차	23일	
임용 19년 차	23일	
임용 20년 차	24일	
임용 21년 차	24일	
임용 22년 차 이상	25일(법정 휴가 최대한도)	

　　근로자에게 연차유급휴가 일수를 부여할 때 이전 직장의 경력을 환산해서 적용하는 기관도 있고 신규 임용 시점부터 경력을 인정하는 기관도 있다. 이는 기관의 성격과 특성, 그간의 관행에 따라 다를 수 있다. 이전 근무 경력을 연차유급휴가 일수에 반영하는 기관에서는 기관 내 규정에 경력 산정 기준을 마련하는데, 예로 직무 관련 경력은 100% 반

영하고 직무와 관련 없는 경력은 60~80% 반영해 총 경력을 합산하여 연차유급휴가 경력을 산정하게 된다. 이전 경력을 연차유급휴가 일수 산정에 미반영하는 기관에서는 「근로기준법」에 따라 연차를 부여하고 관리하면 된다.

〈연차유급휴가 부여 계산 방법 사례〉

1. 임용일 : 2018년 5월 1일
2. 신규 임용자의 이전 근무 경력 기간은 총 10년 4개월
   – 직무 관련 경력 : 7년 4개월, 비직무 관련 경력: 3년
3. 기관의 경력 산정 기준
   – 직무 관련 경력 100%, 비직무 관련 경력 80%
   ☞ 신규 임용자의 연차유급휴가 일수 산정을 위한 경력기간 9.7년
   【((84개월+4개월)×100%)+((12개월×3년)×80%)】/12 = 9.7년
4. 신규 임용자 2018년 연차유급휴가 일수
   – 임용 10년 차로 2018년 19개 연차유급휴가 발생
   – 임용일을 기준으로 월할 계산
     (2018년 근무월 8개월 / 12개월) × 19일 = 12.66일
   – 신규 임용자의 2018년 연차유급휴가 일수는 12.66일임
※ 계산을 하다보면 소수점 이하 일수가 발생하는데 어떻게 적용할지는 기관에서 결정하면 된다. 예로 30분 단위로 환산해 적용할 수도 있고, 소수점 두 자리까지 있는 그대로 반영해 시간을 '분' 단위로 계산할 수도 있다.

② 연차유급휴가는 사용 촉진으로 소멸할 수 있다

연차유급휴가는 작년에 근로한 대가로 발생한 휴가를 올해 사용하는 것으로, 미사용할 경우에는 그 일수만큼 수당으로 지급 받는다. 하지만 공공기관에서는 예산의 범위 내에서 연차유급휴가 미사용분에 대한 수당을 지급하기 때문에 지급 한도를 초과한 잔여 연차유급휴가는 반드

시 사용해야 한다. 일과 삶의 균형이 중요하게 인식되고 있는 현 시점에서, 공공기관은 개인별 휴가 사용을 적극적으로 권장하고 있다. 부서 평가 지표에 연차유급휴가 사용률을 반영하고 있는 기관 사례도 있다.

사용자는 근로자에게 연차유급휴가 사용을 촉진할 수 있다. 「근로기준법」제61조에 따라 연차유급휴가 사용을 촉진할 경우에는 연차유급휴가 미사용에 따른 수당 지급 의무가 면제 될 수 있다. 이와 같은 연차유급휴가 사용 촉진 제도는 모든 공공기관의 규정에는 반영되어 있으나, 실질적으로 잘 운영되고 있지는 않다. 일반적으로 근로자는 휴가를 사용하고 싶어 한다. 하지만 업무가 과중하거나 휴가 사용을 권장하지 않는 조직 문화 등으로 휴가를 사용하지 못하는 경우가 많다. 이러한 상황에서 사용자가 강제적으로 연차유급휴가 사용을 촉진한다면 근로자와 노동조합의 반발이 있을 수 있다. 그래서 실질적으로 연차유급휴가를 사용할 수 있는 조직 내 문화를 형성하는 것이 가장 중요하고, 연차유급휴가 사용 촉진을 근로자들에게 알려주고 연차 사용을 독려하는 수단으로 활용하는 것이 타당하다.

③ 연차유급휴가 저축제를 활용할 수 있다

직장 생활을 하면서 누적된 피로를 해소하고 새로운 삶의 활력을 얻기 위해서 2주 이상 장기간 휴가를 실시하는 '연차유급휴가 저축 제도'를 도입하고 있는 공공기관이 많아지고 있다. 이 제도는 개인에게 발생한 휴가 일수를 해당 연도에 모두 사용하는 것이 아니라 일정 일수를 3년에서 5년 이내에 저축해 장기간 휴가를 다녀올 수 있도록 하는 제도이다. 장기간의 업무 공백이 발생할 수 있는 우려가 있으나 내부 구성원 간의 합의가 있을 경우에는 충분히 제도를 도입해 운영할 수 있다. 일반적으로 한 해에 발생한 휴가 일수 중 5개 이내에서 저축을 하는데 3년에서 5년 간 저축을 해 한 달 정도 장기 휴가를 실시한다.

> **❝** 연차유급휴가는 해당 연도에 발생한 휴가 일수를 모두 소진하는 것이 원칙이나, 노동조합과 사용자의 합의(단체협약 또는 취업규칙에 명문화)에 의해서 사용하고 남은 휴가 일수를 일정 기간 동안 저축해 장기 휴가로 사용할 수 있다. 공무원의 경우에도 '연가 저축제'를 도입해 운영하고 있다. **❞**

〈연차유급휴가 저축제 운영 방안 사례〉

▣ 적용 기준
- 휴가 저축 기간은 5년으로 하고, 그 이상 미사용한 휴가는 연도 한도 내에서 소멸
  * 2015년에 축적한 5일의 휴가를 2021년까지 사용하지 않을 경우 2022년에는 소멸 처리
- 저축된 휴가는 3년부터 사용 가능. 단 15일 이상 저축됐을 경우 사용
- 휴가는 매년 최대 5일까지 저축 가능하며, 그 나머지 휴가는 해당 연도에 소모해야 함(미사용 시 수당 미지급)

▣ 운영 방안
- 전 직원을 대상으로 휴가저축제 동의서 징구
  * 제도 도입 전 노동조합과 합의하고 직원 설명회 개최
- 개인별 휴가 중 5개는 본인의 선택에 따라 저축 또는 수당 지급 가능(개인선택제 운영)
  * 12월에 개인별로 휴가 저축 또는 수당 지급 여부 선택
- 저축된 연차 휴가는 매년 개인에게 연도별 연차 저축일수를 통보하고 저축 3년부터 사용 가능하며 1회 사용 시 10일 이상 사용

④ 연가와 연차유급휴가는 다르다

공공기관은 국가 공무원에 준하는 복리후생 제도를 운영하고 있다. 공무원에게 적용되는 각종 '일과 삶 균형'을 위한 제도(육아휴직 3년, 자녀돌봄휴가, 연가저축제 등)를 공공기관도 도입해 운영하고 있다. 다만 공공기관에서는 국가 공무원에게 적용하는 제도가 노동 관계 법령과 상이한 경우에는 노동 관계 법령에 따라 적용해야 한다. 그 대표적인 규정이 연차유급휴가이다. 공무원은 '연가'라고 표현하는데 공공기관 구성원은 「근로기준법」을 적용받는 근로자이기 때문에 연차유급휴가라는 용어를 사용하는 것이 정확하다.

연가와 연차유급휴가는 용어와 같이 개념도 차이가 있다. 연가는 '앞으로 근무할 것'을 전제로 휴가 일수를 부여하지만, 연차유급휴가는 '전년도에 근무한 것'의 대가로 휴가 일수를 적용한다. 이 의미는 권리 행사에 대한 문제와 직결된다. 연가는 해당 연도에 근무할 것을 전제로 부여하기 때문에 중간에 퇴사를 할 경우 그 기간에 비례해 휴가를 정산하지만, 연차유급휴가는 전년도 소정근로일(80% 이상 근무)을 기준으로 해당 연도에 휴가 일수가 확정되기 때문에 해당 연도 중간에 퇴사해도 이미 발생한 휴가 일수는 퇴직일에 비례해 정산하지 않는다. 사용하지 못한 휴가 일수는 수당으로 지급하거나 남은 휴가 일수만큼 사용하고 퇴사하게 된다.

대부분의 공공기관은 「국가공무원 복무규정」을 근거로 인사규정이나 복무규정 등을 제정하기 때문에 「근로기준법」과 상이한 규정이 있을 수 있다. 그중 하나가 휴가 공제 관련 사항이다. 국가 공무원의 경우에는 정직 기간이나 직위 해제 기간을 해당 연도 연가일수에서 공제하는데, 이와 같은 조항을 공공기관에도 동일하게 적용하는 경우가 있다. 공공기관 구성원은 「근로기준법」 적용을 받는 근로자로 연차유급휴가는 전년도 근무조건을 충족해 해당 연도에 확정된 휴가 일수이기 때문에 기관의 강제 처분에 따라 휴가 일수를 공제하는 것은 「근로기준법」 위반의 소지가 있을 수 있다. 인사쟁이는 이를 잘 확인해 관련 규정을 개정할 필요가 있다.

(2) 휴일도 법정 휴일 및 공휴일과 약정 휴일이 있다

휴가와 마찬가지로 휴일도 법령에서 규정하는 법정 휴일과 법정 공휴일 그리고 노사가 합의하에 적용하는 약정 휴일이 있다. 휴일은 근로자가 근로를 제공할 의무가 없는 날로 소정근로일에서 제외하는 날이다. 법령에서 규정하고 있는 휴일은 「근로기준법」에서 정한 주휴일과 「근로자의날 제정에 관한 법률」에서 정한 근로자의 날을 말하며, 공휴일은 「공휴일에 관한 법률」에서 정한 휴일로 지정된 국경일, 법정기념일, 설날·추석 등을 말한다. 주휴일과 근로자의 날로 인해 근로자가 쉴 수 있는 법정 휴일은 1년에 53일이다. 즉, 주휴일 52일(1년은 52주)과 근로자의 날인 5월 1일에 쉴 수 있다. 공휴일로 근로자가 쉴 수 있는 날은 쉽게 말하면 빨간 날로 지정된 국경일과 정부에서 지정하는 대체공휴일, 임시공휴일 정도로 보면 된다. 약정 휴일은 기관 창립기념일이 대표적이다.

① 주휴일과 근로자의 날은 법정 휴일이다

사용자는 근로자에게 1주일(7일)에 평균 1회 이상의 유급 휴일을 주어야 하며, 유급 휴일은 1주 동안 소정근로일수를 개근한 근로자에게 부여한다. 1주일의 소정근로일수가 5일이라고 하면 5일을 정상적으로 근로해야 유급 휴일 1일을 부여할 수 있다. 이를 주휴일이라고 하는데 공공기관에서는 주휴일을 일요일로 단체협약이나 기관 내 규정에 명시하고 있다. 하지만 「근로기준법」에서는 1주에 1회 이상의 유급 휴일을 줄 수 있다고 되어 있고 언제를 주휴일로 정하고 있지 않아 기관의 여건과 사업 목적, 직종 및 직종별 근무 형태에 따라 주휴일을 정할 수 있다. 일반적으로 일요일을 주휴일로 정하는데 박물관이나 전시관, 교육시설 등은 일요일에 많은 관람객이 방문하기 때문에 일요일이 아닌 다른 요일을 주휴일로 정하고 있다. 이는 노사가 합의해 결정하면 된다.

「근로기준법」에서 1주는 7일로 규정하고 있으나 1주가 언제부터 언제까지인지는 규정하고 있지 않다. 이는 노사가 자율적으로 합의해 결정하면 된다. 일반 사무직의 경우에는 월요일에서 일요일을 1주라고 규정하지만 근무 형태나 근무 여건 등에 따라서는 일요일 또는 월요일부터 적용하는 사례도 있다.

'근로자의 날'은 5월 1일로 「근로자의날 제정에 관한 법률」에서 유급 휴일로 규정하고 있다. 법정 휴일 중에서 유일하게 날짜가 지정된 휴일이다. 이날 근로를 하게 되면 50%의 가산금을 줘야하며, 보상휴가를 실시할 경우에는 근로자 대표와의 서면합의를 하고 1.5배 가산된 하루 반

(12시간)의 휴일을 줘야 한다.

② 공휴일은 약정 휴일에서 법정 유급휴일로 바뀌었다

본래 공휴일은 공무원이 쉬는 날이었다. 다만, 일반 직장인들은 단체 협약이나 취업규칙에서 이를 휴일로 지정하여 쉰 것이었을 뿐이다. 그런데 최근 「근로기준법」 개정에 의해 공휴일을 법정유급휴일로 지정했고, 2022년 1월부로 5인 이상 사업장에 전면 시행되었다. 즉, 공휴일이 기관의 노사 합의 등을 통해 자율적으로 정하는 약정 휴일에서 법정 유급휴일로 바뀐 것이다.

이외에도 기관 생일날(창립기념일)과 노동조합 창립기념일 등을 약정 휴일로 지정할 수 있다.

〈휴일과 휴가 적용 사례〉

구분		종류	법적 근거	비고

법정	휴일	·주휴일
		·근로자의 날
			·근로기준법 제55조
			·근로자의날 제정에
			  관한 법률
				·의무적 부여
				·법정기준 이상이면
				  노사 자율 결정 가능
				·임금을 지급해야
				  함 (단, 생리휴가와
				  가족돌봄휴가는 무급 원칙)

	공휴일	·국정공휴일	·근로기준법 제55조 및 시행령 제30조	
	휴가	·연차휴가 ·출산전후휴가 ·배우자출산휴가 ·생리휴가(무급) ·가족돌봄휴가(무급)	·근로기준법 제60조 ·근로기준법 제73조 ·근로기준법 제74조 ·남녀고용평등법 제18조의2 ·남녀고용평등법 제22조의2	

구분		종류	법적 근거	비고
약정	휴일	·창립기념일 ·기타 휴무일	·단체협약, 내부규정	·약정휴일, 휴가 부여여부, 부여 조건, 부여일수, 임금 지급 여부는 단체협약 또는 취업규칙 등을 통해 노사가 자율 결정
	휴가	·하계휴가 ·경조휴가 등	·국가 공무원 복무규정, 단체협약, 내부규정	

※자료: 근로기준법 등 관련 법령을 재구성함

(3) 휴게 시간은 근로 중 오아시스다

공공기관 근로자의 평일 근로시간은 9시에서 18시까지로 국가 공무원과 동일하다. 근무지에서 있는 9시간 중 휴게 시간은 일반적으로 한 시간이 주어진다. 「근로기준법」에서 사용자는 근로시간이 4시간인 경우 30분 이상, 8시간인 경우에는 1시간 이상의 휴게 시간을 근로시간 중에 주도록 되어 있다. 그래서 12시부터 13시까지 한 시간 동안 휴게 시간을 주는 것이다. 이 시간에 근로자들은 점심식사를 하고 개인적 시간을 가진다. 휴게 시간은 사용자의 지배에서 벗어나 근로자가 자유롭게 이용할 수 있는 시간이다.

휴게 시간을 몇 시부터 몇 시까지 정하는 것은 노사합의에 의해서 정해진다. 단체협약이나 기관 내 규정에 명시적으로 휴게 시간이 정해지는데 일반적으로 점심식사를 해야 하는 시간에 휴게 시간을 정하고 있다. 다만 근무 형태나 근로 여건, 출퇴근 시간 등에 따라서 휴게 시간을 다르게 적용할 수 있다.

⑷ 사유가 있어야 휴직이 가능하다

휴직은 직무를 일정 기간 동안 수행하지 않는 것으로 사용자의 사전 승인이 있어야 한다. 휴직도 법령에 따른 휴직과 노사가 합의해서 정하는 휴직이 있다. 법에서 정하고 있는 휴직의 대표적인 것이 육아휴직이다. 초등학교 2학년 또는 8세 미만의 자녀를 둔 근로자는 1년 이내의 육아휴직[13]을 사용할 수 있다. 육아휴직 기간 중 통상임금의 80%(상한액 150만원, 하한액 70만원)을 받을 수 있다. 다만 육아휴직 급여액의 100분의 25는 직장 복귀 6개월 후 합산하여 일시불로 지급하고 있다.

공공기관은 국가 공무원의 복리후생 제도에 준해서 각종 제도를 설계하고 도입한다. 육아휴직도 국가 공무원에 준해서 적용하고 있는데 대부분 기관에서는 3년 이내로 육아휴직을 사용할 수 있도록 정하고 있다. 1년은 법령에서 규정하고 있는 법정 휴직 기간이고, 2년은 노사가 합의한 약정 휴직이 되는 것이다. 즉 1년간은 유급 휴직이고 2년은 무급 휴직이란 의미이다. 공공기관은 육아휴직 사용이 자유로우며 대체적으로 출산 전후 휴가와 육아휴직을 자동으로 연계해서 사용하고 있다.

육아휴직 이외에 공공기관에 있는 휴직 제도는 가족돌봄휴직, 배우자 동반휴직, 해외 파견휴직, 질병이나 상해에 의한 휴직 등 다양한 형태의 휴직이 있다. 대부분 1년에서 최대 5년까지 휴직을 사용할 수 있으며 개인적 사유에 의한 휴직은 무급 휴직이다.

---

13 육아휴직은 임신 중인 여성 근로자나, 근로자가 자녀 양육을 위해 신청하는 휴직으로 근로자의 계속근로를 지원함으로써 근로자의 생활안정과 고용안전을 도모하기 위한 제도이다.

03 복리후생 제도

공공기관은 임금 외에 구성원의 사기 증진과 동기부여 차원에서 다양한 복리후생 제도를 운영하고 있다. 복리후생 제도도 법정 제도와 법정 외 제도가 있는데, 법에서 정하고 있는 제도는 사회 보험과 퇴직금 등이 있다. 법에서 정하고 있지 않는 대표적인 제도는 선택적 복지 제도이다.

(1) 4대 사회 보험은 국가가 주는 혜택이다

국가는 국민의 질병, 노령, 산재, 실업 등에 대비한 최소한의 사회 보험 제도를 운영하고 있다. 우리가 익히 알고 있는 국민연금, 의료보험, 산재보험, 고용보험이다. 직장 생활을 하는 모든 근로자는 월 급여에서 4대 보험이 원천 징수되기 때문에 세금을 잘못 이해하는 경우가 많은데 세금이 아니라 사회 보험이다. 내가 어려움에 처했을 때 국가가 최소한의 보장을 해주는 제도이다. 산재보험은 기업에서 전액 부담하며 그 외 보험은 사용자와 근로자가 각각 반씩 부담한다.

(2) 퇴직금 및 유급 휴가도 복리후생 제도이다

퇴직금은 앞에서 언급했듯이 직장을 이탈했을 때 생계가 곤란한 것을 예방하기 위해 있는 제도로 국가가 법령으로 정해 놓은 복리후생 제도이다. 퇴직금 제도는 우리나라와 일본에만 있는 독특한 제도로 2022년부터 퇴직연금 제도 방식으로 전면 시행되었다. 유급 휴가도 국가와 사용자가 근로자에게 부여하는 복지 제도이다. 근로자에게 쉴 수 있는 날을 부여하는 것이기 때문에 이보다 더한 복지 제도는 없다.

(3) 일과 삶의 균형을 위한 각종 제도

근로자는 먹고 살기 위해서 일을 하고 자기 만족을 위해서 일을 한다. 이 두 가지를 만족시키기 위해서 최근에는 일과 삶의 균형을 중요하게 인식하고 있다. 저출산을 극복하고 가족과 함께하는 삶이 가능하도록 관련 법령이나 사용자는 계속적으로 노력하고 있다. 우선 법령에서는 근로시간 단축과 유급 휴가 등을 통해 임신부를 비롯해 육아를 책임지고 있는 근로자의 편의를 봐주고 있다. 「남녀고용평등과 일·가정양립지원에 관한 법률」에서는 출산전후휴가, 육아휴직, 배우자 출산휴가, 임신기 근무시간 단축 등의 일과 삶의 균형을 위한 제도를 도입하고 있다.

〈일과 삶의 균형을 위한 다양한 제도〉

구분		내용
임신	임신기 근무 시간 단축	·임신 12주 이내, 임신 36주 이후 근로자는 임금 감소 없이 1일 2시간의 근로시간 단축을 신청하여 근무할 수 있음
	태아 검진 시간	·임신 근로자는 정기 건강 진단에 필요한 시간을 사업주에 청구하여 사용할 수 있음
	난임 치료 휴가	·인공수정 또는 체외수정 등 난임 치료를 받기 위해 연간 3일 이내의 휴가 사용 가능(1일 유급)
출산	출산 전후 휴가	·임신 근로자는 90일의 출산전후 휴가(출산 후 최소 45일 이상)을 사용할 수 있음 * 최초 60일은 사업주(통상 임금 100%)가, 나머지 무급 30일은 국가가 지원 단, 우선지원대상기업은 90일 모두 국가에서 지원하며, 사업주는 차액분 지급
	유산/사산 휴가	·임신 근로자가 유산·사산할 경우 임신기간에 따라 5～90일의 휴가를 사용할 수 있음.
	배우자 출산휴가	·배우자는 10일의 출산휴가를 사용할 수 있음.

구분		내용
육아	육아휴직	·만 8세 이하 또는 초등학교 2학년 이하의 자녀가 있는 근로자는 최대 1년간 휴직을 사용할 수 있음. * 2024년부터는 부부 맞돌봄 3개월 이상 시 1년 6개월까지 휴직을 사용할 수 있도록 변경 시행 예정 ·첫 3개월은 월 통상임금의 80%(70~150만원) 나머지기간은 월 통상임금의 50%(70~120만 원)를 국가에서 지원 * 단 월 육아휴직급여의 25%는 휴직 복귀 후 6개월간 계속 근무 시 지급 * 국가 공무원은 3년 이내 사용(공공기관도 이에 준해 적용하는 경우가 있음)
	아빠의 달	·동일한 자녀에 대하여 부모가 순차적으로 휴직하는 경우 추가로 지원
	육아기 근로시간 단축	·육아휴직을 사용하는 대신 최대 1년간 주당 15~35시간으로 근로시간 단축을 신청하여 사용할 수 있음
	시간선택제	·근로자가 육아, 학업, 건강 가족 돌봄 등의 사유가 있을 경우, 노사가 합의하여 주당 15~30시간의 시간선택제로 전환하여 근무할 수 있음
	가족의 날	·매주 일정한 요일을 '가족의 날'로 제정하여 조기 퇴근 또는 정시 퇴근을 하는 제도
	자녀돌봄휴가	·연간 2일의 범위 내에서 어린이집 행사 및 자녀 병원 진료 등에 동행할 수 있는 휴가
	가족 돌봄 휴직	·조부모, 부모, 배우자, 자녀, 손자녀 또는 배우자의 부모의 질병, 사고, 노령으로 인하여 그 가족을 돌보기 위한 휴직을 연간 90일까지 사용 가능
	가족 돌봄 휴가	·부모, 배우자, 자녀, 손자녀 또는 배우자의 부모의 질병, 사고, 노령 또는 양육으로 인하여 긴급하게 그 가족을 돌보기 위한 휴가로 연간 10일까지 사용 가능

⑷ 선택적 복지 제도

일명 '카페테리아식' 복지 제도라고도 불리는데 개인에게 주어진 예산의 범위 내에서 근로자 본인의 선호와 필요에 따라 자신에게 적합한 복지 혜택을 선택하게 하는 제도이다. 대부분의 공공기관에서 시행하고 있는 제도로 연간 개인당 50만 원에서 100만 원 내외로 지급하고 있다. 복지 구성은 기본 항목과 자율 항목으로 구성되는데 기본 항목은 기관 차원에서 가입하는 생명 상해 보험이 되고 자율 항목은 건강 관리, 자기 개발, 여가 활용, 가정 친화같이 근로자가 자유롭게 선택할 수 있는 항목이다. 개인별 복지 점수 부여는 기본 복지 점수와 근속 복지 점수, 기타 가족 복지 점수 등으로 구성되는데 이는 기관의 특색에 따라 다르게 부여할 수 있다. 기본 복지 점수는 일반적으로 1점을 천원이라 가정하면 400점을 부여하고 근속 복지 점수는 근무연수 1년당 10점 내외, 최고 30년으로 복지 점수는 최고 300점까지 배정한다. 가족 복지 점수는 배우자 100점, 직계존비속 등 1인당 50점으로 하고 저출생 극복을 위해서 자녀는 둘째부터 100점, 셋째는 200점 등으로 설계하고 있다.

복지 포인트를 사용하기 위해서는 금융 기관과 운영업체를 선정해야 하는데 기관의 규모에 따라 복수의 금융 기관을 선택할 수 있다. 1,000명 이상의 상시 근로자가 있는 대규모 기관에서는 복수의 금융 기관을 활용해서 근로자에게 편의를 제공할 수 있다. 그렇지 않은 규모에서는 하나의 금융 기관과 거래하는 것이 운영하는데 효율적이다. 운영업체는 다양한 프로그램을 갖추고 있는 업체와 거래하는 것이 좋다. 공무원과 공공기관을 대상으로 선택적 복지 프로그램은 운영하는 전문 업체가 5개 이내이기 때문에 업체를 선정하는 데는 어려움은 없다.

<맞춤형 선택적 복지 제도 설계 및 운영계획 사례>

▣ 추진 배경

○ 직원 개인의 선호와 필요에 따라 적합한 복지 혜택을 선택할 수 있도록 하는 복지 제도의 운영으로

  – 다양한 복지 욕구를 충족시켜 직원에게 보다 질 높은 복지 서비스를 제공하기 위한 계획임

  * 관련근거 : 「보수규정」 및 「보수규정시행세칙」

▣ 복지 제도 설계 원칙

○ 직원 개개인에게 현금을 대신할 수 있는 복지 점수를 부여하여 사용할 수 있도록 시스템 구축

○ 복지 점수는 가족의 복지와 생활안정, 자기개발, 여가활동 등에 활용할 수 있도록 하고, 사행성 음주가무 등에는 사용할 수 없도록 제한

○ 직원 개인별 복지 점수는 근무연수 및 부양가족 등을 고려하여 산정

▣ 복지 제도 설계(안)

○ (적용 대상) 기관 전 직원

  – 「인사규정」의 휴직에 해당하는 자는 다음 적용 기준에 의해 적용 배제 또는 제한

구분		기간	자율항목
직권 휴직	병역휴직	복무기간	×
	법정의무수행	복무기간	×
	행방불명	3월 이내	×
	질병휴직(공무상질병휴직)	1년 이내(3년 이내)	○
청원 휴직	고용휴직	채용기간(2년 범위 내)	×
	유학휴직	3년 이내(2년 범위 내 연장가능)	×
	연수휴직	2년 이내	×
	육아휴직	자녀 1인당 1년 이내	○
	가사(간호)휴직	1년 이내	○
	해외동반휴직	3년 이내(2년 범위 내 연장가능)	×

공공기관 인사쟁이 따라하기

o (복지 항목의 구성) 맞춤형 선택적 복지의 항목은 직원들이 자율적으로 선택할 수 있도록 자율 항목으로 구성

　－ 자율 항목은 직원 개개인의 능력 발전 및 삶의 질 향상에 기여할 수 있도록 운영하는 자율적으로 선택이 가능한 항목으로 건강관리, 자기개발, 여가활용, 가족친화 등으로 구성하며 필요에 따라 다양한 항목으로 구성 가능

　* 보석, 복권, 경마장 마권, 유흥비 등 사행성이 있거나 불건전한 항목과 상품권, 증권 등 현금과 유사한 유가증권 구매는 제한함. 다만 전통 시장 상품권(온누리 상품권)은 가능

《자율 항목 구성 예》

분야	자율항목
건강관리	병의원 외래진료, 약 구입, 안경 구입, 운동시설 이용 등 본인과 가족의 건강진단, 질병예방, 건강증진 등을 위한 복지 항목으로 구성
자기개발	학원수강, 도서구입, 세미나 연수비 등 본인의 능력 발전을 위한 복지 항목으로 구성
여가활용	여행 시 숙박시설 이용, 레저시설 이용, 영화·연극 관람 등 본인과 가족의 건전한 여가 활용을 위한 복지 항목으로 구성
가족친화	보육시설·노인복지시설 이용, 기념일 꽃 배달, 결혼식, 장례식 등 일과 삶을 조화롭게 병행할 수 있도록 본인과 가족을 지원하는 복지항목으로 구성

o (복지 점수 구성) 개개인에게 일률적으로 부여되는 기본복지점수와 근무연수 및 부양가족에 따라 차등 부여되는 변동복지점수로 구성하고, 개인 최대 복지점수는 800점까지로 함(다만, 다자녀로 인한 경우에는 제한 없음)

기본복지점수	변동복지점수	
	근속복지점수	가족복지점수
·400점 일률 배정	·근무연수 1년당 10점 ·최고 25년까지 250점 배정	·배우자 포함 4인 이내로 하되, 자녀는 인원수에 관계없이 모두 배정 ·배우자 100점, 직계존비속 1인당 50점다만, 직계비속 중 둘째 자녀는 100점, 셋째 자녀부터는 1인당 200점

– 기본복지점수는 적용대상자에게 일률적으로 400점 배정

– 변동복지점수인 근속복지점수는 매년 1월 1일을 기준으로 산정되는 근무연수 1년당 10점 배정, 최고 25년까지 250점 배정

《 근속복지점수 계산(예시) 》

○ 1월 1일자로 근무연수가 15년이 된 경우

    – 근속 복지점 수: 15년 × 10점 = 150점

    ※ 잔여 월수는 복지 점수 계산에 사용되지 않음

– 변동복지점수인 가족복지점수는 「공무원수당 등에 관한 규정」 제10조(가족수당)에 의한 가족수당 지급 대상인 부양가족과 동일 적용

• 배우자를 포함하여 4인 이내의 부양가족에 한정하되 자녀의 경우에는 부양가족의 수가 4인을 초과하더라도 모두 지급

• 배정 점수는 배우자 100점, 직계 존비속 등은 각 50점

  다만, 직계비속 중 둘째 자녀는 100점, 셋째 자녀부터는 1인당 200점

• 배정점수 판단기준일은 출생, 혼인, 사망 등의 경우 가족관계증명서 등 공부상에 등재된 날짜를 기준으로 함

《가족복지점수 계산(예시)》

○ 배우자와 자녀 3명, 부모 2명인 경우
 − 배우자 : 100점
 − 자녀 및 부모 포함 : 자녀(50+100+200) + 부모(100) = 450점
○ 배우자와 자녀 3명, 부모 2명, 형제 1명인 경우(가족수당 지급대상 요건 충
  족 시)
 − 배우자 : 100점
 − 자녀 및 부모 포함 : 자녀(50+100+200) + 부모 및 형제(150) = 500점
 * 4명 초과 산출 근거 : 「공무원수당 등에 관한 규정」 제10조에 의거 가족수당은 배
   우자 포함 4인 이내로 한다고 규정하고 있지만, 동조 단서 규정에 따라 자녀의
   경우에는 부양가족의 수가 4명을 초과하더라도 가족수당을 지급

○ 복지 점수 관리
 − 복지 점수 부여 시점은 매년 1월 1일을 기준으로 연도별로 부여하고 일단 복
   지 점수가 부여된 이후 연도 중에 복지 점수 배정의 기초가 된 요건의 사실이
   변동되더라도 복지 점수는 변동되지 아니함
 * 다만, 부양 가족 사항 변경 사항은 연도 중에 반영

 − 개인별 복지 점수 부여 시 복지 점수 소수점 이하는 절사
 − 연도 중에 신규채용, 파견, 복직, 해임, 파면, 면직 등의 임용 행위로 인하여
   복지 점수 사용 권한이 발생·중단 또는 소멸될 경우에는 그 변동일 기준으로
   월할 계산하여 복지 점수에 반영(지급 또는 환수)

《월할 계산의 정의》

○ "월할 계산"이라 함은 그 해의 복지 점수를 12월로 나누어 계산하는 것으로
  복지 점수 부여 사유가 있는 달이 속한 월을 실제 근무한 달로 계산함
 − 단, 퇴직/해임/파면일이 매월 1일자인 경우에는 그러하지 아니함
 − 동일한 월에 면직된 후 재임용된 경우: 중복되지 않고 1월로 계산함

- 복지 점수는 당해 연도 내에 사용하는 것을 원칙으로 사용 후 남은 복지 점수는 다음 연도로 이월하지 못하며, 미사용 복지 점수에 대해서는 이를 금전적으로 청구하지 못함

ㅇ 복지 점수 사용 방법
- 복지 점수는 3월 일괄 부여
- 개인별로 등록된 ㅇㅇ은행 신용카드로만 복지 점수 사용
* 기관과 주거래 은행 업무 협약에 따라 타 신용카드 및 현금 사용은 불가하며, ㅇㅇ은행 신용카드가 없는 경우에는 신규 발급조치
- 온라인 복지몰 사용 시 복지포인트에서 바로 차감되고 오프라인의 경우에는 사용 후 익월 비용 정산처리(先 결재 後 정산)

온라인	오프라인
- 복지몰에서 복지포인트 바로 차감하여 사용 - 결재 시 부족 포인트는 신용카드로 자동 결재 - 사용기한: 당해 연도 11월 30일 (회계처리 소요기간 등을 감안하여 사용기한을 제한)	- 별도의 차감 신청 절차 없이 자동 차감 (개인별로 사용한 금액은 복지 점수 한도 내에서 정산 처리) - 결재 시 부족 포인트는 신용카드로 자동 결재 (온라인 복지몰에서 개인이 수동 차감으로 변경 가능) - 사용기한 : 당해 연도 11월 30일 (회계 처리 소요기간 등을 감안하여 사용기한을 제한)

《복지비 사용대금 정산절차》

① 개인별 ㅇㅇ은행 신용카드 사용 : 매월 1일 ~ 말일까지
② 사용내역 통보 및 대금 청구(시스템운영사 → 기관) : 매 익월 5~10일
③ 대금지출결의(담당자 → 재무팀) : 매 익월 10~15일까지
④ 대금결제(재무회계부) : 매 익월 15~20일
⑤ 개인 사용 금액 입금 : 매 익월 25일
☞ 대금 지급 일자는 변경될 수 있음

■ '○○년 추진 계획

○ 선택적 복지제도 시행일자 : '○○년 1월 1일부

○ 적용 대상 : ○○○명

　* 적용 대상은 신규 임용자 등으로 변경될 수 있음

○ 복지 점수 발생 현황

　− 총 복지 점수 : 000,000점(금액 환산액 000,000,000원)

* 총 복지 점수는 신규 임용 및 복지, 가족복지 점수 등으로 변경될 수 있음

○ 소요 예산 : 000,000,000원

　− '○○년 반영예산 000,000,000원

　− 예산 과목 : 기관운영 − 기관운영비 − 운영비 − 복리후생비(210−00.)

　☞ 총 복지 점수와 '○○년 반영 예산 간의 차액이 발생할 경우, '○○년 하반기
　　중에 정산하여 차액에 대한 사용 계획을 별도 수립 보고

○ 선택적 복지 시스템 운영관리업체 선정

　− 운영관리업체 : ○○○○○○○

　* 선정사유 : 시스템 구축 및 운영관리 비용 무료

　(다수의 공공기관 선택적 복지 운영관리업체)

　− 시스템 구축기간 : 약 1주일 소요

　− 업무협약을 2월 3주차에 추진(업무협약과 관련한 사항은 별도 보고)

○ 향후 계획

　− 복지제도 대상자 ○○은행 신용카드 등록 및 신규 발급

　− 선택적 복지시스템 운영관리업체 업무협약 체결

　− 신규 임용자 및 복지점수 변경 소요 발생 시 반영 추진

　☞ 진행 상황별로 별도 보고

붙임 1. 개인별 선택적 복지 점수 현황 1부.
　　　2. 업체 관련 서류 각 1부씩. 끝.

6. 노무관리

사용자와 근로자는 근로계약으로 상호 간 약정을 통해서 근로자는 근로를 제공하고 사용자는 그 대가로 임금 등을 제공한다. 이를 개별적 노사관계라고 하고, 근로자들이 단결하여 구성한 노동조합과 사용자 간에 진행되는 관계를 집단적 노사관계라 한다.

개별적 노사관계는 사용자와 근로자의 1대 1 관계로 사용자의 우월적 지위 속에서 근로자가 종속될 우려가 있다. 사용자가 정한 근로조건에 근로자는 수용할 수밖에 없는 구조적 한계가 있다. 임금이나 기타 근로조건에 대해서 사용자는 사전에 정해진 기관 내 규정에 따라 신규 임용자에게 적용하고, 근로자는 그 규정에 동의한 경우에 한해 임용이 가능하다. 하지만 집단적 노사관계는 사용자와 근로자 집단이 대등한 관계 속에서 근로자의 근로조건의 유지·개선을 중요한 목적으로 한다. 노동조합 활동은 사용자와 협력 또는 단체행동을 할 수 있는 근로자의 헌법적 권리로 근로자의 권익을 위해 활동할 수 있다.

개별적 노사관계는 신규 임용자가 기관에 임용될 때 임금이나 복리후생 제도 등에 대해서 동의하는 것을 전제로 근로계약이 체결되기 때문에 근로자의 선택권이란 없다. 다만 임용 이후 임금이나 복리후생 제도 등이 근로자에게 불이익하게 개정될 경우에는 근로자의 과반수 이상의 동의 절차가 필요하기 때문에 의사표현을 할 수 있다. 집단적 노사관계는 기본적으로 노동조합이라는 근로자 단체가 존재해야 가능한 관계이다. 근로자가 주체가 되어 만들어진 단체를 통해서 사용자와 대등한 위치에서 근로자의 입장을 대변하고 근로조건의 유지와 개선을 위해서 활동한다. 노동조합이 근로자들로 구성된 단체이기 때문에 노동조합에 가입하지 않는 근로자가 많을 경우에는 사용자와 대등한 관계 형성이 제한된다. 대표성이 낮아지기 때문이다. 근로자 과반수 이상이 가입된 노동조합은 단체교섭과 단체행동 등 노동 관계 법령에서 보장하는 다양한 활동을 조합원을 위해 할 수 있다.

01 노동조합과 노사협의회

(1) 노동조합

노동조합은 근로자가 주체가 되어 자주적으로 단결하여 근로조건의 유지·개선 및 기타 근로자의 경제적·사회적 지위의 향상을 도모함을 목적으로 조직하는 단체를 말한다. 노동조합은 근로자가 자주적으로 단결하여 설립하는 단체이기 때문에 사용자가 관여할 수 없다. 노동조합을 설립하는 단계에서 사용자가 관여하거나 설립을 방해하게 되면 부당노동행위로 처벌받을 수 있다. 공공기관에서는 노동조합 설립에 있어 근로자의 의견을 존중하기 때문에 설립을 방해하거나 관여하는 일은 거의 없다.

인사쟁이가 노동조합과 관련해서 업무를 수행할 때 관심을 가져야 하는 것은 노동조합의 기능과 구성, 그리고 사용자와 노동조합과의 관계 형성이다. 인사쟁이는 조정자 역할을 해야 하기 때문에 노동조합에 대해 기본적으로 이론적 배경이 있어야 한다. 노동조합의 기능은 무엇이고 구성은 어떻게 하며 관계 법령에 규정된 노동조합 관련 내용은 어떤 것이 있는지 사전에 확인할 필요가 있다.

① 노동조합은 3가지 기능이 있다

근로자가 노동조합을 결성하는 것은 사용자와 대등한 관계 속에서 근로조건을 유지·개선하기 위해서다. 개별적 근로관계에서는 사용자에게 근로자가 끌려갈 수밖에 없지만 집단적 근로관계에서는 집단의 힘으로 이를 극복할 수 있다. 노동조합의 기능은 경제적 기능과 공제적 기능, 정치적 기능의 세 가지로 말할 수 있다.

첫째, 경제적 기능이다. ✍

노동조합은 조합원의 경제적 권리와 이익 신장을 위해서 존재하는 단체이다. 조합원의 임금 인상, 근로시간 단축, 근무 여건 개선, 부당한 권리 침해 예방 및 방지 등을 위해 활동하는 것이 노동조합의 제1의 존재 이유이다. 이러한 기능을 수행하기 위해 단체교섭과 단체행동 등의 방법을 동원할 수 있다.

둘째, 공제적 기능이다. ✍

이는 노동조합 내적 기능을 말한다. 조합원이 질병이나 재해, 사망 등 일시적 또는 영구적으로 근로능력을 상실했을 때 상호 간의 상호부조를 할 수 있다. 공제기금을 만들어 조합원이 어려운 상황에 처할 때 노동 조합 차원에서 행하는 일종의 상호 보험이라 할 수 있다.

셋째, 정치적 기능이다. 🖎

조합원의 경제적 목적을 달성하기 위해서 부득이 정치적 활동을 전개 할 수 있다. 조합원의 의견을 관철하기 위해서는 관련 법령 개정이 필요 할 수 있어, 이를 개선하기 위해서는 노동조합이 이를 대변해야 한다.

② 노동조합의 안정적 운영을 위해서는 조합원과 운영비 확보가 중요하다

근로자가 노동조합을 결성하고 단체교섭과 단체행동을 하는 것은 헌 법적 권리이다. 헌법적 권리를 근로자들이 행사하기 위해서는 조직을 강화할 수단이 필요한데 그것이 바로 안정적 조합원 및 운영비의 확보 이다. 과반수 이상의 근로자를 조합원으로 확보해야 노동조합은 힘을 발휘할 수 있고, 적정 운영비를 마련해야 노동조합의 기능과 역할을 수 행할 수 있다. 노동조합은 조합원을 확보하기 위해 숍제도$^{shop\ system}$를 운영하는데 대표적인 숍이 클로즈드 숍과 유니온 숍, 오픈 숍이 있다.

클로즈드 숍은 노동조합의 조합원만이 사용자에게 고용될 수 있는 제 도로 조합원 자격인 고용의 전제 조건이 된다. 유니온 숍은 사용자는 조합원 여부와 관계없이 자유롭게 직원 채용이 가능하나 일단 채용된 이후에는 조합에 가입하지 않으면 안 되는 제도이다. 오픈 숍은 사용자 가 근로자를 채용함에 있어서 조합원 여부와 상관없이 채용이 가능하고 조합 가입 여부와 관계없이 근로자로서의 지위에는 아무런 영향을 받지 않는 제도이다. 우리나라에서는 원칙적으로 오픈 숍을 채택하고 있으나 예외적으로 노사 간 단체협약을 통해서 유니온 숍을 채택할 수 있도록 하고 있다.

조합원이 확보되면 노동조합을 운영할 수 있는 운영비 확보가 중요하다. 일반적으로 조합비는 조합원 개개인에게 징수하는 방법과 기관 차원에서 급여공제 시 일괄 공제하는 방법이 있다. 후자의 방법을 조합비 일괄 공제 제도^{check off}라 하는데, 조합이 안정적인 조합비 확보를 위해서 일반적으로 이 제도를 도입하고 있다.

> **❝** 조합비 일괄 공제 제도를 도입하기 위해서는 조합원 개개인의 동의와 사용자의 승인이 있어야 가능하다. 원만한 노사관계가 형성될 경우에는 대부분 기관에서 일괄 공제 제도를 허용하고 있으나, 그렇지 않을 경우에는 기관에서 이를 불허해 노동조합이 조합원 개개인에게 징수하는 불편함을 감수하는 경우도 있다. 임금은 원칙적으로 근로자 개개인에게 전액 지급되어야 하기 때문에 조합원의 동의는 반드시 필요하고 이를 행정적으로 처리하기 위해서는 기관 즉 사용자의 승인이 있어야 일괄 공제가 가능하다. 대부분의 공공기관에서는 일괄 공제 제도를 적용하고 있다. **❞**

③ 단체협약은 결과물이다

노동조합이 사용자와 협의를 통해서 조합원의 권리와 근로조건 등을 결정하는 결과물이 단체협약이다. 한 번 체결되면 2년 동안 유효하며 기관 내 규정보다 단체협약이 우선한다. 단체협약은 사용자와 노동조합이 실무 협상을 통해서 기본적인 단체협약 초안을 마련하고, 본 교섭에서 최종적으로 쟁점 조항에 대해서 확정한다. 일반적으로 교섭은 사용자 측과 노동조합 측이 동수로 구성하며 회의 진행 시 양측에서 번갈아가며 위원장을 맡는다. 협상은 실무 교섭과 본 교섭으로 구분해서 진행하는데 실무 교섭은 양측의 단체협약 초안을 조항별로 검토하고 협의하는 교섭으로 쟁점 조항을 제외하고 대부분은 실무 교섭에서 합의한다. 실무 교섭에서 합의되지 않은 사항은 본 교섭에서 협의하는데 본 교섭은 기관의 장과 노동조합 위원장이 참석해 최종적으로 의사결정을 하는 자리이다.

단체교섭 과정에서 양측의 이해가 첨예하게 대립하는 조항이 대부분 경영권 및 인사권과 관련된 사항이다. 경영권과 인사권은 기관장의 고유 권한이지만 노동조합이 어느 범위까지 참여할 수 있는지가 쟁점인데, 각 기관마다 적용하는 사례가 다르기 때문에 업무를 담당하는 인사쟁이는 쟁점 사항에 대한 타 기관 사례와 법적 허용 여부 등에 대해서 사전 조사와 검토를 해야 된다.

사용자 측의 실무 업무를 수행하는 인사쟁이는 단체협약이 원만하게 진행될 수 있도록 조정자 역할을 한다. 실무 교섭과 본 교섭에 필요한 자료를 생성하고, 노사합의로 통합 간사의 역할을 수행할 수도 있다. 간사는 교섭 시 회의록 생성과 조항별 교섭 안을 정리하고 일정을 확정하는 역할을 한다. 교섭을 하는 과정에서 언쟁과 조항에 대한 이견이 발생할 수 있는데 이를 조정하고 관계 회복을 위한 역할도 간사인 인사쟁이가 한다.

> **❝** 노무관리 업무를 수행하는 인사쟁이는 단체교섭뿐만 아니라 일상 업무를 수행할 때도 노동조합과의 친분 관계를 유지하며 사용자 측과 노동조합이 협력적 노사관계를 형성할 수 있도록 노력해야 한다. 인간관계라는 것이 사소한 감정에 따라 문제가 확대될 수도 있고 쉽게 해결될 수 있기 때문에 불필요한 감정으로 일을 그르치지 않도록 상호 신뢰관계를 구축하는 것이 필요하다. **❞**

④ 사용자는 부당노동행위를 하면 안 된다

사용자는 근로자가 노동조합과 관련하여 가입이나 활동 등을 이유로 불이익을 하게 되면 부당노동행위로 처벌받을 수 있다. 부당노동행위는 근로자의 정당한 노동조합 활동에 대하여 사용자가 방해 행위를 하는 것을 말한다. 부당노동행위를 처벌하는 것은 노동조합의 정당한 활동을 보장하기 위해서이다. 헌법에서 보장하고 있는 근로자의 노동3권을 강화하고 노동조합을 기관의 동반자로 인정하며 근로자의 권익 보호는 물론 사회적 책임을 다하게 하기 위함이다. 「노동조합 및 노사관계 조정법」에서는 부당노동행위를 다섯 가지 행위로 규정하고 있다.

첫째, 불이익 대우이다. 🖊

사용자는 근로자가 노동조합에 가입 또는 가입하려는 것, 노동조합을 조직하려는 것, 정당한 노동조합을 위해 실무를 하는 것, 정당한 단체

행위에 참여하는 것을 이유로 불이익을 줘서는 아니 된다.

둘째, 황견계약이다. ✎

사용자는 근로자가 노동조합에 가입하지 않을 것 또는 탈퇴할 것, 특정한 노동조합의 조합원이 될 것을 임용의 조건으로 하는 행위로, 이것을 부당노동행위로 규정하고 있다. 이는 노동조합을 약화시키고 어용조합으로 만들기 위한 사용자의 행위다.

셋째, 단체교섭 거부이다. ✎

정당한 이유 없이 단체교섭을 거부하거나 해태하는 행위를 부당노동행위로 보고 있다. 노동조합은 단체교섭을 통해서 존재 이유를 증명해야 하지만 사용자 측에서 정당한 이유 없이 단체교섭을 하지 않는 것은 노동조합을 인정하지 않는 행위로 간주될 수 있다.

넷째, 지배·개입 및 경비 원조이다. ✎

사용자가 노동조합을 지배하거나 그 활동에 개입하는 행위, 노동조합 운영비를 원조하는 행위이다. 이러한 행위를 제한하는 것은 노동조합의 자주성과 독립성을 보호하기 위해서다. 다만 노동조합의 활동 편의를 제공하는 것은 허용된다.

다섯째, 보복적 불이익 취급이다. ✎

근로자가 정당한 쟁의 행위에 참가한 것을 이유로 삼거나, 사용자의 부당노동행위를 신고 또는 증언 등의 행위로 근로자를 해고하거나 불이익을 주는 행위를 말한다.

사용자의 부당노동행위에 대해서 근로자는 노동위원회에 구제 신청을 할 수 있다. 구제제도는 2심제로 해당 사업장의 관할 지방노동위원회에서 1심을 하고 2심은 중앙노동위원회, 이에 불복할 경우 행정소송이 가능하다.

⑤ 단체행동은 노동자의 권리이다

노동조합은 사용자와의 단체교섭이 결렬될 경우에는 단체 행동을 할수 있다. 이를 노동쟁의라 하는데 노사관계 당사자가 그 주장을 관철할목적으로 행하는 행위로 업무의 정상적 운영을 저해하는 것을 말한다. 노동쟁의를 하기 위해서는 정당한 행위라는 전제 조건이 있다. 노동조합은 근로자의 근로조건 유지와 개선, 사회경제적 지위 향상을 위해 활동해야 하고 이와 관련되어 사용자와 의견 불일치일 때 합법적인 노동쟁의를 할 수 있다. 폭력을 동원한 불법적 노동쟁의는 허용되지 않는다.

공공기관에서는 극단적인 노동쟁의까지는 가지 않고 타협과 협의의과정 속에서 쟁점 사항이 대부분 해결된다. 공공기관의 특수성으로 국민에게 피해가 있을 수 있는 상황은 원천적으로 발생시키지 않는다는것이 노사 양측 상호 간에 공유되는 가치이다.

쟁의행위는 근로자 측에서 하는 행위로 파업, 태업, 준법투쟁, 보이콧등이 있고 사용자 측은 직장 폐쇄가 있다. 파업은 조합원이 공동으로 근로 제공을 거부하는 행위로 전형적인 쟁의행위 방법이다. 태업은 작업 능률을 의도적으로 저하시키는 방법이고, 사보타지는 단순한 태업에 그치지 않고 의식적으로 생산 설비를 파괴하는 행위까지를 포함하는 적극적인 방법이다. 준법 투쟁은 「근로기준법」에서 정한 근로 기준 이상의 연장 근로를 거부하고 근로자의 권리인 휴가를 사용하는 방법이다.

근로자의 쟁의 행위에 대응하기 위해 사용자는 직장 폐쇄를 할 수 있는데 공공기관에서 직장 폐쇄를 하는 것은 불가능하다. 관련 법령에 설립 근거를 두고 있는 공공기관에서 직장 폐쇄를 한다는 것은 있을 수 없는 일이기 때문이다. 그래서 사용자 측은 근로자의 요구가 사회적 관점에서 무리가 없는 선에서 원만한 타협과 협의를 한다.

(2) 노사협의회

상시 근로자 30인 이상인 사업장에서는 의무적으로 노사협의회를 구성하고 운영해야 한다. 노동조합의 존재 유무와 상관없이 노사협의회는 설치되어야 한다. 노사협의회는 근로자와 사용자를 대표로 하는 동수의 위원을 각 3인 이상 10인 이하로 구성한다. 노사협의회를 설치하기 위해서는 '노사협의회 설치 준비위원회'를 먼저 구성한다. 근로자 위원 선출을 위한 공고를 하고, 10인 이상의 추천을 받은 후보자를 대상으로 선거를 통해 근로자 위원을 선출·구성한다. 근로자 과반 이상의 노동조합이 있는 기관에서는 근로자 위원을 노동조합에서 위촉할 수도 있다.

❝ 새로 설립된 기관에서는 노사협의회 설치를 위해서 준비위원회를 구성해야 하고 근로자 위원 선출을 위한 준비와 노사협의회 규정 제정을 위한 초안을 마련해야 한다. 인사쟁이는 이와 같은 실무를 해야 하는데 각 단계별로 필요한 절차를 준수하고 구성원 모두가 참여할 수 있도록 공고와 홍보를 적극적으로 해야 한다. 노사협의회 회의는 3개월마다 개최되기 때문에 이를 활용해서 근로자의 의견을 경청하고 노동조합과의 대화 채널을 확보하는 차원에서 노사협의회를 활용하는 것도 좋다. **❞**

〈노사협의회 구성 절차〉

구분	주요 내용
노사협의회 설치 관련 공고	·모든 근로자가 알 수 있도록 공고 – 노사협의회의 의미, 설치에 필요한 사항, 노사협의회 설치 준비위원회 구성에 관한 사항 등

노사협의회 설치 준비위원회 구성	·각 실별 1명씩으로 직급에 상관없이 선정
	  (비보직자로 선정)
	·역할 (인사총무부장 위원장)
	– 노사협의회 설치와 관련된 사항
	  (위원 수 및 선출 방법 등)

노사협의회 위원 선출	·근로자 위원 선거 공고 및 입후보자 접수 ·선거 실시 및 당선자 확정 ☞ 노사협의회 설치 준비위원회에서 진행
노사협의회 규정 제정 및 신고	·노사협의회 개최 – 상견례 및 노사협의회 규정 제정 – 향후 운영에 대한 협의 등

〈노사협의회 구성에 필요한 양식〉

1. 노사협의회 설치 공고
1) 무노조 또는 과반수 노조가 없는 사업장

「근로자 참여 및 협력증진에 관한 법률」 제4조에 따라 우리 기관에서는 노사협의회를 설치·운영하여야 합니다. 노사협의회는 사용자 대표와 근로자 대표가 공동으로 기관의 생산성 향상과 근로자 고충해결, 작업 조건 개선 등을 위해 협의하고 노력해 나가는 매우 중요한 기구입니다.

이에 우리 기관에서는 노사협의회를 설치하고 운영하기 위해 『노사협의회 설치 준비위원회』를 구성하고자 합니다. 설치 준비위원회는 노사협의회 업무를 담당하는 인사·총무부 실무진과 각 부서별 참여자 1명씩으로 구성할 예정입니다. 각 부서에서는 부서장과 부서원들 간의 협의를 거쳐 부서별 참여자 1명씩을 결정해 주시기 바랍니다. 단, 부서별 참여자는 부서장을 제외한 직급으로 결정하여 주십시오.

설치준비위원회에서는 향후 우리 기관에서 노사협의회를 어떻게 운영해 나갈 것인지, 협의회 위원 수는 어떻게 정할 것인지, 그 구성은 어떠한 방식으로 할 것인지, 노사협의회에서 단계적으로 어떠한 사항을 다루어 나갈 것인지 등을 논의하게 될 것이며, 향후 노사협의회 근로자위원을 선출하고, 노사협의회 규정을 제정하기 위한 준비 작업 등을 하게 될 것입니다.

노사협의회 위원은 물론 준비위원회에 참여하는 근로자 또한 기관과 근로자의 발전을 위해 중요한 역할을 담당하는 것이라는 사명감을 가지고 적극적으로 임하여 주시기 바랍니다.

20○○년   월   일

한국공공기관 이사장 홍길동

2) 과반수 노조가 있는 사업장

우리 노동조합에서 근로자의 권익 보호와 기관의 발전을 위하여 불철주야 노력해주심에 감사드립니다.

「근로자참여 및 협력증진에 관한 법률」 제4조에 따라 우리 기관에 노사협의회를 설치 운영하여야 합니다. 노사협의회는 기관와 근로자 대표가 공동으로 기관의 생산성 향상과 근로자의 고충 해결, 작업 조건 개선 등을 위해 협의하고 노력해 나가는 매우 중요한 기구입니다.

우리 노동조합은 전체 근로자의 과반수로 조직된 노동조합이므로 귀 조합에서 노사협의회 근로자 위원을 선임하여야 합니다. 이에 근로자 위원의 선임에 앞서 우리 기관 노사협의회의 효율적인 운영을 위해 『노사협의회 설치 준비위원회』를 구성하고자 합니다.

설치 준비위원회는 노사협의회 업무를 담당하는 인사총무부 실무 준비위원진과 귀 조합에서 추천하는 준비위원을 노사 동수로 구성하여 향후 우리 기관에서 노사협의회를 어떻게 운영해 나갈 것인지, 협의회 위원 수는 어떻게 정할 것인지, 그 구성은 어떠한 방식으로 할 것인지, 노사협의회에서 단계적으로 어떠한 사항을 다루어나갈 것인지 등을 논의하고자 합니다.

노사협의회 위원은 물론 준비위원회에 참여하는 근로자 또한 기관과 근로자의 발전을 위해 중요한 역할을 담당하는 것이라는 사명감을 가지고 우리 기관 노사협의회의 활성화를 위하여 귀 조합에서 적극적으로 협조하여 주시면 감사하겠습니다.

20○○년   월   일

한국공공기관 이사장 홍길동

2. 근로자 위원 선출 공고

공고

제목 : 노사협의회의 근로자위원 선거 관련

내용 : 노사협의회 근로자위원 선거와 관련한 공고

1. 근로자위원 수 : 5명

2. 입후보자 자격 : 재직 중인 근로자

3. 입후보 방식 : 근로자 10명 이상의 추천서 제출

4. 입후보 시기 : 공고일부터 20○○년 ○월 ○일 18시까지

5. 선거일 : 20○○년 ○월 ○일 09시~18시

6. 선거장소 : 중앙 로비

7. 당선요건 : 입후보자 중 다수 득표자를 당선자로 하되, 동수가 있는 경우에
   는 연장자를 당선자로 함

직원 여러분들의 많은 참여 바랍니다.

20○○년   월   일

노사협의회 설치준비위원회

3. 위촉장

제 2○○○ – 01 호

위 촉 장

소 속 : 기획본부

직 위 : 기획본부장

성 명 : 김○○

귀하를 「근로자참여 및 협력증진에 관한 법률」

제6조 제3항의 규정에 의하여 한국○○○○ 노사 협의회

사용자위원으로 위촉합니다.

◈ 위촉기간 : 20○○년 ○월 ○일부터 20○○년 ○월 ○일까지

20○○년   월   일

한국○○○○ 이사장 (인)

　　노사협의회는 3개월마다 정기적으로 회의를 개최하도록 되어 있으며 필요에 따라 임시 회의를 개최할 수 있다. 노사 양측은 협의 사항과 의결 사항, 보고 사항으로 협의한다. 협의 사항은 근로자의 채용 배치 및 교육훈련, 노동쟁의의 예방, 근로자의 고충 처리, 안전보건 기타 작업 환경 개선과 근로자의 건강 증진, 인사노무 관리의 제도 개선, 경영상 또는 기술상의 사정으로 인한 인력의 배치전환·재훈련·구조 등의 제도 개선, 근로자의 복지 증진 등이다. 협의 사항은 노사협의회 위원 과반수 출석과 3분의 2이상 찬성으로 의결할 수 있다. 의결 사항은 근로자의 교육훈련 및 능력 개발을 위한 기본 계획 수립, 복지 시설의 설치와 관리, 사내 복지 기금의 설치, 고충처리위원회에서 의결되지 아니한 사항 등에 대해서 협의회에서 의결을 거쳐야 한다. 보고 사항은 경영 계획 전반 및 실적, 분기별 생산 계획과 실적, 인력 계획, 기업의 경제적·재정적 상황 등을 사용자 측은 근로자 위원에게 보고·설명해야 한다.(「근로자 참여 및 협력 증진에 관한 법률」)

구분	노사협의회	노동조합
목적	·생산성 향상과 근로자 복지 증진 등 미래지향적 노사 공동의 이익 증진	·근로조건의 유지/개선
관련 법령	·근로자 참여 및 협력 증진에 관한 법률	·노동조합 및 노동관계조정법
대표성	·전체 근로자를 대표	·조합원을 대표
배경	·노조의 조직 여부와 관계없음 ·쟁의행위를 수반하지 않음	·노조가 있음을 전제로 함 ·교섭결렬 시 쟁의행위 가능
당사자	·근로자위원과 사용자위원	·노동조합과 사용자(사용자 단체)
과정	·사용자의 기업경영상황 보고 ·안건에 대한 노사간 협의/의결	·단체교섭을 통해 단체협약 체결

※자료: 관련 법령을 재구성함

02 취업규칙

기관이 설립되고 구성원이 임용되면 구성원의 임금에서부터 근로조건 등을 마련하기 위해서 기관 내 규정을 제정한다. 기관 구성원에게 공통적으로 적용되는 규정을 취업규칙이라 하는데 취업규칙은 「근로기준법」상 법정 용어이다. 사용자가 사업 또는 사업장의 질서 유지와 효율적인 업무 수행을 위하여 필요한 복무 규율과 근로자 전체에게 적용될 근로조건을 정한 준칙이라고 할 수 있다. 취업규칙은 사용자가 작성하는 것으로 노사합의로 체결되는 단체협약과는 구별된다. 사용자와 근로자 간 체결하는 근로계약이 취업규칙에서 정하는 근로조건에 미달

할 경우에는 그 부분에 한해서 무효로 하고 무효로 된 부분은 취업규칙에서 정한 기준을 따른다.

> ❝ 취업규칙은 법정용어이나, 대부분의 공공기관은 취업규칙이라는 규정을 별도로 만들지 않고 인사 규정, 복무 규정, 보수 규정 등의 명칭을 사용하고 있다. 이 모든 것이 취업규칙에 해당한다. 취업규칙이란 것이 근로자의 근로조건과 복무를 규율하는 것이기 때문에 규정의 명칭은 불문한다. ❞

취업규칙은 사용자가 근로자 집단에게 근로조건을 통일적으로 적용하기 위하여 작성하는 것이 원칙이나, 직종과 근로자의 신분에 따라 달리 적용할 수 있다.

(1) 작성과 신고

취업규칙은 모든 사업 또는 사업장에서 작성의 의무가 있는 것은 아니다. 상시 근로자자가 10인 이상인 사업장이 그 대상인데 공공기관은 모두 취업규칙 작성 및 신고 대상이 된다. 취업규칙은 근로자의 과반수로 조직된 노동조합, 근로자의 과반수로 조직된 노동조합이 없는 경우에는 근로자의 과반수의 의견을 들어서 제정해야 한다. 의견 수렴 방법은 근로자의 과반수의 의견을 들었음을 객관적으로 입증할 수 있는 방법이어야 하는데 일반적으로 근로자의 서명을 받는다.

취업규칙을 작성하면 관할 지방고용노동관서의 장에게 신고해야 한다. 신고서와 취업규칙, 근로자 의견 수렴을 했다는 증빙 서류를 제출한다. 신고한 취업규칙이 관련 법령에 위반되는 사항이 있을 경우 보완하도록 조치하고 그렇지 않으면 접수하게 된다.

(2) 변경

취업규칙은 근로자의 근로조건에 관한 사항을 규정하고 있기 때문에 중요하다. 그래서 취업규칙을 변경하고자 할 때에는 근로자의 의견을 들어야 하고 불이익하게 변경될 때에는 반드시 근로자의 집단적 동의를 받아야 한다. 임금 체계 변경으로 인해서 근로자의 임금이 낮아지거나 미래의 임금이 축소될 수 있을 때 근로자의 생계에 지대한 영향을 주기 때문에 근로자 입장에서는 취업규칙 개정에 반대할 수 있는 권리가 있어야 한다.

사용자는 취업규칙을 변경하고자 할 경우에 불이익 변경이 아닌 경우에도 의견 수렴 절차를 거쳐야 한다. 다수의 변경 안건 중 하나의 안건이라도 근로자에게 불이익하게 변경하고자 할 경우에는 근로자 대상으로 공개적으로 설명회를 개최해야 하고, 그 과정 속에서 질의응답을 통해 근로자가 충분히 이해하고 납득할 수 있도록 해야 한다. 그리고 변경되는 내용을 공개하고 누구나 어디서나 내용을 확인할 수 있도록 조치해야 한다. 과반수 이상의 노동조합이 있을 경우에는 노동조합의 장이 동의할 경우에는 별도로 근로자의 동의 절차를 거치지 않아도 된다.

❝ 집단적 동의라는 것은 사용자가 근로자 개개인을 대상으로 서명 받

아서 불이익한 취업규칙을 개정하는 것을 방지하고자 하는 것이다. 사용자와 근로자가 일대일로 대면하게 되면 근로자 입장에서는 심적 압박을 받기 때문에 동의를 하지 않을 수 없다. 이를 예방하기 위해서 다수가 모인 공간에서 동의 절차를 진행할 수 있도록 하는 것이다. 왜 불이익한 규정을 개정하고자 하는지를 설명하고 구성원들의 이해를 득해야 한다는 것이다. **"**

공공기관에서는 기관 내 규정을 제정하거나 개정할 때에는 제 규정 제·개정 절차가 있다. 취업규칙의 제·개정 사유를 명시한 초안을 이해 당사자에게 회람하여 의견을 수렴하고 의견을 반영해 내부 심의위원회 또는 인사위원회에서 심의·의결한다. 그 이후에 취업규칙의 중요성에 따라 이사회 심의까지 진행한다. 만약 취업규칙이 불이익 변경인 경우에는 내부 위원회 개최 전까지 노동조합이나 근로자를 대상으로 동의를 받는 절차를 진행하게 된다. 이해관계자의 동의를 얻지 못하게 되면 그 이후의 절차는 진행할 수 없게 된다.

인사쟁이가 업무를 수행하다 보면 취업규칙을 근로자에게 불이익하게 변경해야 할 일이 생길 수 있다. 이럴 때 인사쟁이의 역할은 근로자를 설득할 수 있는 상황 논리를 마련하는 것이다. 불이익하게 변경하게 되면 반드시 좋게 변경되는 사항이 있게 마련이고 반대급부가 있기 때문에 인사쟁이의 노력에 따라 근로자를 설득할 수 있는 여건을 조성할 수 있을 것이다.

| 참고 자료 |

1. 공공기관의 운영에 관한 법률
2. 근로기준법
3. 근로자퇴직급여보장법
4. 남녀고용평등과 일가정 양립 지원에 관한 법률
5. 기간제 및 단시간근로자 보호 등에 관한 법률
6. 노동조합 및 노동관계조정법
7. 근로자 참여 및 협력 증진에 관한 법률
8. 장애인고용촉진 및 직업재활법
9. 국가유공자 등 예우 및 지원에 관한 법률
10. 채용절차의 공정화에 관한 법률
11. 산업안전보건법
12. 국가공무원 복무규정
12. 공기업·준정부기관의 경영에 관한 지침(기획재정부)
13. 공기업·준정부기관 예산운용지침(기획재정부)
14. 공공기관 공정채용 가이드북(인사혁신처)
15. 공공기관 채용위탁 관리 가이드라인(국민권익위원회)

공공기관 인사쟁이 따라하기

초판 1쇄 발행　　2019년 05월 20일
개정증보판 발행 2023년 11월 08일
지은이 김태균 | 이범수

펴낸이 김양수

편집·디자인 안은숙

교정 김현비

펴낸곳 휴앤스토리

출판등록 제2016-000014

주소 경기도 고양시 일산서구 중앙로 1456(주엽동) 서현프라자 604호

전화 031) 906-5006

팩스 031) 906-5079

홈페이지 www.booksam.kr

블로그 http://blog.naver.com/okbook1234

포스트 http://naver.me/GOjsbqes

인스타그램 @okbook_

이메일 okbook1234@naver.com

ISBN 979-11-89254-96-4 (13320)

맑은샘, 휴앤스토리 브랜드와 함께하는 출판사입니다.